논문작성과 출판양식

| 송하나 · 강민주 · 신나나 · 양성은 공저 |

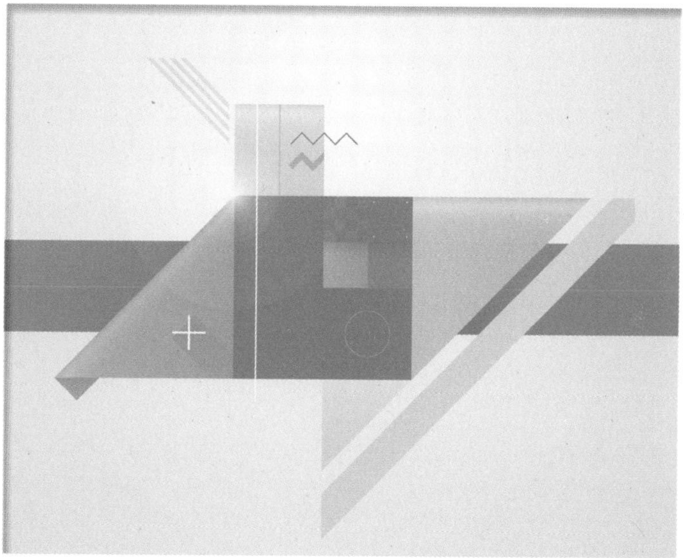

학지사

발간사

한국아동학회는 1980년 학회 창립 이후 아동학 분야의 학문적 수월성을 유지하기 위해 노력해 왔고 「아동학회지」가 그 중심적인 역할을 감당해 왔다. 학술논문은 연구의 질적 우수성이 가장 중요하겠지만 논문을 읽는 독자들과의 소통을 위해서는 각 학문 분야에서의 서술 방식과 지켜야 할 양식에 따라야 한다.

이러한 인식과 필요성에 따라 한국아동학회에서는 1993년에 『논문작성과 출판』을 처음으로 출간하였고, 이를 전면 개정하여 2007년에 『학술논문작성과 출판』으로 출간한 바 있다. 이러한 노력을 통해 아동학 분야의 중심 학회로서 아동학회지의 논문 제출 방식에 대한 구체적 지침을 제시해 왔고 대학원생들의 학위 논문 작성에도 지침이 되어 왔다. 최근 학술 분야에서 디지털 문헌의 증가, 연구윤리의 강화, 국제화의 추세에 발맞추어, 아동학회 제19대 임원진에서는 기존의 출판양식을 대폭 개정하고 시대적 흐름에 맞추어 새로운 내용을 추가하여 『논문작성과 출판양식』을 새롭게 출간하게 되었다. 아동학회지는 게재 논문들의 표나 참고문헌을 모두 영어로 제시하도록 규정하고 있으나 학위 논문 작성을 위해 참고할 수 있도록 예시를 한국어로도 제시하였고, 영어권에서 통용되고 있는 APA 출판양식을 한글에 맞추어 적용이 쉽도록 예시를 제시하는 등 독자들이 읽고 이해하기 쉽게 구성하였다. 또한 차츰 강화되고 있는 연구윤리 부분도 포함하여 시대적인 흐름을 반영하였다.

학회의 주요 사업으로 추진된 『논문작성과 출판양식』의 출간은 집필진으로 수고해 준 송하나 교수(성균관대), 강민주 교수(연세대), 신나나 교수(이화여대), 양성은 교수(인하대)의 헌신이 있어 가능하였기에 무엇보다 집필진에게 깊은 감사를 드린다. 그리고 완성된 원고를 읽고 충실히 검토해 준 박혜원 교수(울산대), 조성연 교수(호서대), 전효정 교수(동아대)와 여러 교수님들께도 감사드린다.

이 책이 앞으로 아동학과 관련 학문 분야에서 연구하는 학자들과 학문 후속 세대들이 논문 작성을 할 때 언제든지 꺼내어 참고할 수 있는 실제적인 지침서가 될 수 있기를 기대한다. 마지막으로 출판사의 이윤을 떠나 이 책의 중요성을 이해하여 논문작성과 출판에 관한 책을 세 번이나 기꺼이 출판해 준 학지사 김진환 사장님에게도 감사드린다.

2016년 한국아동학회 회장

박경자

머리말

지난 겨울부터 진행된 저술 작업이 서늘한 가을과 함께 마무리된 것을 기쁘게 생각한다. 이 책은 가장 최근에 개정된 APA 논문작성 양식에 관한 내용을 담고 있다. 본 저자들은 수년간 학위 논문을 지도하면서 학생들이 알아야 할 내용들과 이를 쉽게 전달하는 방법을 고민해 왔다. 이러한 고민을 함께 이야기하면서 핵심적인 내용만을 선별하였다. 부족하나마 논문작성에 기준이 될 만한 예시를 찾는 학생과 연구자에게 모두 도움이 되길 바란다.

이 책은 전체 4장으로 구성되어 있다. I장은 학술논문의 종류와 구성을 소개하고 있으며 각 부분의 기술 방법을 다루고 있다. 실질적으로 도움이 될 수 있는 연구문제 작성 예시와 문체 사용을 눈여겨보기 바란다. II장은 문장 부호의 표기법과 표와 그림의 작성 방법을 구체적으로 다루고 있다. 다양한 용례에 대해 최대한 예시를 제시하여 독자의 이해를 돕고자 하였다. III장은 참고문헌의 인용과 목록 작성을 다루고 있다. 디지털 정보화 추세에 발맞추어 인쇄물뿐 아니라 온라인 자료의 인용 예시를 추가하였다. IV장은 연구윤리와 논문출판 과정을 다루고 있다. 학술 데이터베이스와 IRB에 대한 정보가 연구를 진행하는 학생들에게 유용할 것이다.

저자들은 이 책을 저술하는 동안 수차례 모여 의견을 나누고 함께 수정해 가는 과정을 거쳤으나, 각 장의 원고는 한 명씩 책임을 맡아 완성하였다. I장은 양성은 교수, II장은 강민주 교수, III장은 송하나 교수, IV장은 신나나 교수가 저술하였다. 또한 이 책이 출판되기까지 많은 분들이 조언과 도움을 아끼지 않았다. 학술총서를 기획하고 지지를 보내주신 회장님, 저자들 초고를 검토해 주신 한국아동학회 자문위원님들과 여러 교수님들, 출판을 맡아 주신 학지사분들에게 감사드린다. 또한 헌신적으로 원고 편집을 도와준 김주련, 이승은 두 간사에게 고마움을 전하고 싶다. 이 책이 좋은 논문을 쓰는 데 잘 활용되기를 기대한다.

2016년 가을

저자 일동

차 례

I
논문의 구성과 서술

I. 논문의 구성과 서술

1. 학술논문의 종류

학술논문은 과학적 방법을 이용하여 특정 현상이나 주제를 이해하고, 분석하고, 검증하는 연구의 결과물이라고 할 수 있다. 학술논문의 종류에는 경험적 연구논문과 이론적 연구논문이 있다.

1) 경험적 연구논문

경험적 연구(empirical research)는 축적된 선행문헌을 바탕으로 하며, 구체적인 자료, 증거, 정보를 통해 관심 있는 주제를 분석한다. 이를 통해 특정 현상을 기술(description)하고, 설명(explanation)하며, 예측(prediction)하려는 연구목적을 달성한다.

경험적 연구는 방법론에 따라 구분되는데, 방법론이란 세상을 바라보는 인식틀을 근거로 연구문제의 초점, 연구자와 연구대상의 관계, 자료 수집과 분석 방법을 포괄하는 논리체계를 말한다. 구체적으로, 실증주의(positivism)를 철학적 기반으로 하는 양적 연구, 해석주의(interpretivism)를 기반으로 하는 질적 연구, 그리고 실용주의(pragmatism)를 기반으로 하는 혼합방법 연구(mixed methods research)로 나뉠 수 있다. 혼합방법 연구는 양적 접근과 질적 접근을 단순히 병행하는 것이 아니고, 두 접근을 통합하여 새로운 자료 수집 및 자료 분석 방법을 고안해서 보다 복합적인 결과물을 도출하는 것이다. 여기에서는 양적 연구와 질적 연구를 중심으로 설명하고자 한다.

(1) 양적 연구논문

양적 연구는 실증주의를 철학적 기반으로 하는데, 이는 자연과학과 사회과학이 동일하다는 전제에서 출발한다. 양적 연구자들은 자연과학에서 사용하는 가치중립적이며 수량화된 연구방법을 사용하여 일반화를 추구한다. 양적 연구는 연역적 논리를 따르는데, 기존 이론에서 가설을 도출하고, 이를 검증하기 위해 자료를 분석하는 것이 일반적이다.

양적 연구논문에는 자료 수집을 위해 대규모의 연구대상을 표집하는 방법, 표준화된 척도나 검사, 통제된 실험, 구조화된 관찰 등을 실시하는 객관적 절차가 설명된다. 연구자는 수집된 자료 안에서 변수들 간의 인과관계나 영향력을 분석하며, 통계적 결과표를 제시한다.

(2) 질적 연구논문

질적 연구는 해석주의를 인식틀로 하는데, 이는 단순한 법칙으로 복잡한 인간의 내적 심리과정, 대인 간 상호작용, 집단역동 등을 설명하는 것을 비판한다. 대신 인간이 처한 다양하고 복합적인 사회적, 문화적, 역사적 맥락의 특수성에 주목한다. 질적 연구는 귀납적 논리를 따르는데, 다양한 사례들을 분석하여 결과적으로 소이론을 도출하는 것이 특징이다.

질적 연구논문에는 수량화된 결과 대신 특정 현상이 발생하는 맥락에 대한 설명, 연구참여자들로부터 얻은 실제 인용문이나 시각적 자료(예: 사진, 그림, 기록물

등)가 등장한다. 질적 연구자는 연구결과를 얻기 위해 다양한 자료로부터 의미를 도출하고, 범주들 간의 관계를 분석하여 주제를 제시한다.

2) 이론적 연구논문

이론적 연구논문(theoretical research paper)을 작성하기 위해 연구자는 관심 있는 주제에 대한 선행연구 및 기존 문헌들을 체계적으로 분석한다. 연구자는 특정 이론적 틀(예: 정신분석 이론, 페미니즘 이론 등)에 입각하여 기존 문헌들을 분석할 수 있다. 또는 일정한 기간 동안 특정 주제에 대해 출간된 논문들의 연구대상, 연구방법, 연구결과를 면밀히 고찰하여 경향성을 파악할 수도 있다. 이론적 연구논문은 단순한 선행연구 검토가 아니며, 그 자체로 연구자의 창의적 관점과 비판적 사고를 담아내는 학술적 가치를 지닌다.

이론적 연구논문으로 다음과 같은 예를 참고할 수 있다.

A Feminist Approach to Studying Cultural Diversity
문화적 다양성 연구에 대한 여성학적 접근

A Family Systems View on School Bullying
가족체계론 관점에서 고찰한 학교 또래 괴롭힘

2. 학술논문의 구성

학술논문은 일반적으로 제목, 저자, 초록, 서론, 선행연구 고찰, 연구방법, 연구결과, 논의 및 결론, 사사, 공지, 참고문헌, 부록 등으로 구성된다. 참고로 한국아동학회에서 발행하는 *아동학회지*는 논문의 구성을 다음과 같이 제시하고 있다. 여기에서는 이를 바탕으로 각 부분에서 다루어야 할 내용을 보다 구체적으로 설명하고자 한다.

〈*아동학회지*에 투고하는 논문의 구성 지침〉

제목(Title)
초록(Abstract)
서론(Introduction)
연구방법(Methods)
연구결과(Results)
논의 및 결론(Discussion and Conclusion)
사사(Acknowledgements)
공지(Notes)
이해상충(Conflict of Interest)
참고문헌(References)
ORCID

1) 제목

학술논문의 제목은 연구의 핵심 내용을 명확히 전달해야 하며, 주제어(keyword)를 담아내야 한다. 제목에 사용할 수 있는 단어 수의 제한이 있기 때문에 연구자는 간결하게 제목을 정한다. 논문 제목의 표기는 한글과 영어로 하며, 가치중립적인 단어를 사용한다. 또한 한글 제목을 로마자 표기로 기재하기도 한다. 이때는 국립국어원이 제시하는 국어의 로마자 표기 규정을 따른다.

양적 연구논문의 제목에는 연구대상이 누구이고, 선정한 주요 변인들은 무엇이며, 변인들 간의 관계는 어떠한지가 나타난다. 질적 연구논문의 제목에는 연구참여자가 누구이고, 분석하는 주요 현상이 무엇이며, 구체적으로 사용한 질적 방법을 기재하는 것이 일반적이다.

연구 제목의 예는 다음과 같다.

The Mediating Effects of Children's Self-Esteem on the Relationship Between Mothers' Person-Oriented Guidance and Children's Emotional Intelligence
어머니의 인성지향적 지도와 아동의 정서지능 간의 관계에 대한 자아존중감의 매개효과

The Effects of Right Awareness and Self-Concept on Friendship of Adolescents
청소년의 권리인식과 자아개념이 우정에 미치는 영향

An Ethnographic Study on Korean Mothers' Experience with Children Preparing a College Entrance Examination
한국 어머니의 자녀 대학입시 준비에 대한 문화기술지 연구

A Narrative Study on the Juvenile Delinquents Obeying Counseling Attendance Orders
상담수강명령을 이행하는 보호관찰 청소년에 대한 내러티브 연구
Sangdamsugangmyeonglyeongeul Ihaenghaneun Bohogwanchal Cheongsonyeone Daehan Naeleotibeu Yeongu ← 한글 제목의 로마자 표기

2) 저자

학술논문에는 연구에 공헌한 저자들을 명확히 기재해야 한다. 저자의 자격에 대해서는 "IV. 연구윤리와 논문출판"에서 구체적으로 설명하며, 본 장에서는 기재 방식을 다루고자 한다.

학술논문에는 각 저자의 성명 및 소속 기관이 표시된다. 공동 저자들의 소속 기관이 다른 경우, 저자의 이름과 소속을 각각 표기한다. 공동 저술인 경우, 제1저자를 먼저 표기하고 제2, 제3, 제4저자의 순으로 나열한다.

공동 저자들 중 1인이 교신저자가 되며, 교신저자의 성명, 소속, 주소, 연락처가 기재된다. 교신저자는 논문을 학술지에 투고하고, 심사과정에서 학술지 편집부 및 저자들 간의 의사소통을 담당하며, 논문이 출판된 이후 받는 피드백을 책임지는 역할을 한다.

저자를 기재하는 방식의 예는 다음과 같다.

제1저자 제2저자 소속 기관

Jungja Park[1], Sungeun Yang[2]

×××× Center, Seoul, Korea[1]
Department of ××××, ××× University, Seoul, Korea[2]

박정자[1], 양성은[2]

××××× 센터[1], ×××× 대학교 ×××××학과[2]

Corresponding Author: Sungeun Yang, Department of ××××, ××× University, 111 Anha-ro, Kam-gu, Seoul 22210, Korea
E-mail: xxxxx@xxx.kr

교신저자 이메일 주소 교신저자명 소속 기관

3) 초록

초록은 논문 내용을 종합적으로 요약한 것으로 연구목적, 연구방법, 연구결과 등을 포함한다. 한글로 작성된 논문은 영어 초록을 갖추고, 영어로 작성된 논문은 한글 초록을 제시하는 것이 일반적이다. 학술지마다 초록에 사용되는 단어의 수가 정해져 있으므로 이를 준수해야 한다.

초록 다음에는 주제어를 한글 또는 영어 형식으로 3~5개로 표기한다. 주제어는 연구내용을 함축하는 대표적인 단어들이다. 타인들이 논문을 찾을 때 참고하는 것이 주제어이므로 선별에 주의가 필요하다.

학술논문에서 초록의 예는 다음과 같다.

Are We Experts? Perspectives of Korean Teachers on Their Careers in Infant and Toddler Care ← 논문제목

ABSTRACT

The present study investigates how Korean infant/toddler teachers define their role in centre-based childcare settings and how their attitudes and perspectives influence their professional identities and relationships with parents. ← 연구목적

The study utilized the interpretive science paradigm and individual interviews for data collection, and the qualitative data analysis method explored the experiences of 19 infant/toddler teachers. ← 연구방법

Participants defined their role as 'teacher as mother' and placed more emphasis on nurturing than educating despite their acknowledgement of the importance of the educational aspects of centre-based care. The consensus among infant/toddler teachers that it is best for mothers to care for children at home derives from 1) teachers' consideration of infants/toddlers' developmental characteristics, and 2) the limitations of centre-based programs to fulfill the developmental needs of infants and toddlers. ← 주요 연구결과

This perspective affects their sense of professionalism and job satisfaction and can lower the quality of overall infant and toddler care. ← 결론

Keywords: infant/toddler teachers, professionalism, role definition, qualitative research ← 주제어

출처: Park, Wee와 Yang (2014)에서 인용.

4) 서론

서론에서는 연구하는 주제와 관련된 사회적, 문화적, 학문적 배경을 설명한다. 또한 선행연구를 고찰하여 본 주제의 중요성과 이를 연구해야 하는 필요성을 역설한다. 그다음에 본 연구의 목적을 기술하며, 구체적인 연구문제를 제시하는 것이 일반적이다.

(1) 연구의 필요성 및 목적

경험적 연구논문은 관심 있는 주제나 현상을 기술하고, 이를 설명하며, 유사한 사례에 대해 가능한 예측까지 하려는 목적을 지닌다. 기술이란 특정 현상을 관찰

하고 조사하여 있는 그대로의 사실을 제시하는 것이다. 기술이 '무엇'이라고 하는 내용에 초점을 둔다면 설명은 '왜'라고 하는 이유를 밝히는 것이다. 연구자는 논문에서 특정 현상이 발생하게 된 인과관계와 전후 맥락을 설명해야 한다. 연구자들은 각각의 사례를 개별적으로 설명하는 것을 넘어 다양한 사례를 포괄적으로 설명할 수 있는 일반적인 법칙을 추구한다. 이러한 일반적 법칙이 연구논문에서 도출된다면 유사한 상황에서의 예측이 가능해진다.

한 편의 논문이 이러한 연구목적들을 모두 달성하기는 어렵다. 연구자는 해당 논문이 특별히 어떤 목적을 위해 작성되었다는 점을 밝혀야 한다. 예를 들어, 연구자는 우리나라 초등학교 아동들의 사교육 현황이 어떠한지를 조사하고, 그 경향성을 밝힐 수 있다. 이러한 연구는 연구목적 측면에서 현상에 대한 기술과 설명에 중점을 둔 것이다. 또 다른 예로서, 연구자가 Piaget의 보존실험을 만 3세, 5세, 7세를 대상으로 실시할 수 있다. 여기서 연구자의 목적은 연령차에 따른 보존개념의 획득 정도를 기술하고, 왜 차이가 나는지를 Piaget 이론에 근거하여 설명하며, 아동의 보존 개념 획득에 대한 일반적 예측을 시도하는 데 있다.

서론에서 연구의 배경, 필요성, 목적을 서술하는 예는 다음과 같다.

> A Qualitative Study on the Experiences of
> Losing a Hometown Among Korea's Divided Families
> 남북이산가족의 실향 경험에 관한 질적 연구 ← 논문제목
>
> Ⅰ. 서 론
>
> 한반도는 6 · 25전쟁이 휴전된 1953년부터 현재까지 약 60년간의 분단 상태에 놓여 있다. 민족의 분단으로 인한 가장 큰 비극은 남북이산가족이다. … 이는 한반도라는 맥락에서만 존재하는 독특한 가족현상이다. … ← 연구배경

이산가족에 대한 연구가 중요한 이유는 아직까지 다수의 이산가족이 존재하기 때문이다. 구체적으로, 우리나라 전체 국민 중 북한에 이산가족이 있는 인구는 715,968명으로 전체 국민의 1.5%에 달한다(통계청, 2006). … 한편, 이산가족 1세대에 대한 연구는 이들의 고령화를 고려할 때 시급성이 요구된다. … 이산가족을 연구해야 하는 또 다른 이유는 통일에 기여할 수 있는 이들의 역할이 크기 때문이다. … ← 연구의 중요성 및 필요성

이에 본 연구는 질적 연구방법을 통하여 이산가족 공동체가 겪은 경험을 심층적으로 이해하고, 이러한 경험이 이산가족의 실향 및 귀향 개념에 어떠한 영향을 미쳤는지 분석하며, 앞으로 이산가족 사회의 변화는 어떠할지를 고찰하는 데 목적을 두었다. ← 연구목적

출처: Yang (2011)에서 인용.

(2) 선행연구 고찰

선행연구 고찰은 연구주제와 관련하여 현재까지 축적된 학술지 논문, 석박사 학위 논문, 학술저서, 학술대회 발표자료, 관련 공공기관(예: 통계청)이나 연구기관(예: 육아정책연구소) 보고서, 기타 매체 자료 등을 분석하여 일련의 경향성을 파악하는 작업이다. 연구자는 관심 있는 주제가 관련 학문 분야에서 현재까지 어떤 대상을 중심으로 연구되었고, 자료 수집 및 분석 방법은 무엇이며, 일관되게 드러난 연구결과는 어떠한 것인지를 요약하여 기술한다. 또한, 기존 연구결과들이 불일치하여 논쟁이 있는 부분은 무엇이고, 아직까지 조사되지 않은 내용은 어떤 것인지를 밝혀야 한다. 선행연구들에서 나타나는 불확실성이나 논쟁점들이 이후 진행되는 연구의 필요성으로 연결되기 때문이다.

선행연구를 조사할 때는 권위 있는 학술지에 발표된 최근 논문들을 참고하는 것이 적절하다. 한국연구재단에서 실시하는 학술지 평가 결과에서 등재지(후

보)로 선정되거나 또는 국제 수준 학술지(SCI/SCIE, SSCI, A&HCI, SCOPUS)인 경우 신뢰도가 높다. 또한, 해당 학문 분야에서 역사적 가치가 있는 문헌이 아니라면 가능한 최근 논문이나 저서를 참고해야 한다. 연구주제와 관련된 정책 및 제도가 급변하고, 다양한 자료 수집 방법과 최신의 통계방법이 쏟아지는 현실에서 지나치게 오래된 참고문헌에 의존하는 것은 학술논문의 질을 저하시킬 수 있다.

이론적 연구논문뿐 아니라 경험적 연구논문에서도 선행연구 고찰은 체계적이고 포괄적으로 이루어져야 한다. 양적 연구논문에서는 유사한 변인들을 중심으로 선행연구를 찾고, 사용된 측정 도구들을 소개하며, 연구결과들을 정교하게 비교한다. 양적 연구에 비해 질적 연구는 주제와 관련성 높은 선행연구가 적을 수 있지만 최대한 다양한 출처를 통해 관련문헌을 탐색하는 작업이 필요하다.

(3) 연구문제

기존 문헌들을 고찰하여 새롭게 진행될 연구의 목적이 도출되면, 연구자는 구체적인 연구문제를 정하게 된다. 연구문제 없이 연구목적만이 서술되는 경우도 있지만, 일반적으로 양적 연구자는 질문 형식이나 가설 형식을 사용한다. 선행연구가 많지 않거나 탐색적 연구인 경우에는 의문문 형식을 취하고, 누적된 선행연구가 많고 구체적인 검증이 가능한 경우에는 가설 형식이 적합하다.

양적 연구에서 연구문제와 가설은 둘 이상의 변인들 간의 관계로 기술되며, 명료하고 구체적이어야 한다. 특히 변인들은 조작적 정의(operational definition)를 통해 측정가능하고, 통계 분석을 할 수 있도록 수량화되어야 한다. 연구문제가 질문 형식이면 연구결과는 그 질문에 대한 답으로 서술되고, 가설 형식이면 그 가설을 채택하거나 기각하는 결과가 나와야 한다.

구체적인 양적 연구문제, 가설 및 연구목적의 예는 다음과 같다.

양적 연구문제의 예

연구문제. 변인 A와 변인 B는 어떠한 관계가 있는가?
연구가설. 변인 A와 변인 B는 정적 상관관계가 있을 것이다.

연구문제. 변인 A에 따라 변인 B에 차이가 있는가?
연구가설. 변인 A에 따라 변인 B에 차이가 있을 것이다.

연구문제. 변인 A와 변인 B가 변인 C에 미치는 상대적 영향력은 어떠한가?
연구가설. 변인 A는 변인 B보다 변인 C에 더 큰 영향을 미칠 것이다.

연구문제. 변인 B는 변인 A와 변인 C 간의 관계를 매개하는가?
연구가설. 변인 B는 변인 A와 변인 C 간의 관계를 매개할 것이다.
연구목적. 본 연구의 목적은 변인 A와 변인 C 간의 관계에서 변인 B의 매개효과를 분석하는 데 있다.

한편, 질적 연구자들은 논문에서 구체적인 연구문제보다는 연구목적을 제시하는 경우가 많다. 연역적 원리를 기반으로 가설을 검증하는 양적 연구와 달리 질적 연구는 귀납적 원리 하에 특정 현상에 대한 탐색과 설명을 주로 하기 때문이다. 일반적으로, 질적 연구문제는 '-는 어떠한가?' 또는 '-은 무엇인가?' 등으로 서술될 수 있다.

구체적인 질적 연구문제와 연구목적의 예는 다음과 같다.

질적 연구문제의 예

연구문제 1. 장애아동어머니는 자녀의 초등학교 입학을 위해 어떠한 전환 준비를 하는가?

연구문제 2. 장애아동어머니는 자녀의 초등학교 적응을 지원하기 위해 무엇을 하는가?

연구목적. 본 연구의 목적은 장애아동어머니가 자녀의 초등학교 입학을 위해 어떠한 전환 준비를 하고, 자녀의 초등학교 적응을 지원하기 위해 무엇을 하는지를 질적으로 분석하는 데 있다.

5) 연구방법

연구방법의 내용은 연구대상 또는 연구참여자에 대한 소개, 자료 수집 방법 및 절차, 그리고 자료 분석 방법 등이다.

(1) 연구대상 또는 연구참여자

양적 연구논문은 '연구대상(subjects)'이란 용어를 사용하며, 질적 연구논문에서는 '연구참여자(participants)'를 사용하는 것이 일반적이다. 연구자는 연구대상 및 연구참여자가 자발적으로 연구참여에 동의했으며, 적법한 절차를 거쳤다는 기술을 해야 한다.

논문에는 연구대상 및 연구참여자에 대한 인구통계학적 특성을 소개하는데, 이들의 성별, 나이, 직업, 학력 등이 기본적이다. 연구윤리 측면에서 이들에 대한 소개는 개인정보가 노출되지 않는 수준에서 이루어져야 한다. 그러나 해당 연구주제와 관련된 속성이나 변수의 특성에 대해서는 정보를 제시한다. 예를 들어, 소득이나 병력이 부모역할 수행에 미치는 영향을 분석한다면 민감한 사항이지만 이에 대해 조사하고 논문에 기술해야 한다. 독자들이 연구대상 및 연구참여자의 특성을 정확히 평가할 수 있어야만 연구결과의 신뢰성이 확보되기 때문이다.

양적 연구는 일반화를 목적으로 하기 때문에 표집(sampling) 방법의 적절성과 표본(sample)의 대표성이 확보되어야 한다. 양적 연구자는 표집 지역, 표집 절차, 표집 기간, 질문지 배포와 수거율 등을 제시한다. 질적 연구자도 어떻게 연구참여자를 모집했는지 그 절차에 대해 상술해야 한다. 모든 연구자들은 연구대상 또는 연구참여자를 선정한 이론적 준거(criteria)가 무엇인지를 명확히 밝힌다. 예를 들어, 만 4~5세 유아를 연구대상으로 한다면 이들이 만 3세나 만 6세와 구분되는 특징이 무엇이고, 그 특징이 연구주제에 어떤 영향을 주는지 등의 발달적 근거를 설명한다.

(2) 자료 수집 방법

경험적 연구에서는 실제 자료를 수집할 때 사용한 질문지나 검사 도구, 면접 질문, 진행 절차 등을 상세히 기술한다. 예비조사를 실시한 경우에는 이에 대해 서술하고, 예비조사 결과가 어떻게 본 자료 수집에 반영되었는지를 설명한다.

먼저, 양적 연구의 대표적인 자료 수집 방법에는 실험, 질문지법, 관찰법, 면접법 등이 있다. 양적 연구자는 변인을 측정하는 질문지나 검사 도구의 문항을 소개하고, 그 타당도와 신뢰도를 검증한 결과를 제시한다. 도구의 신뢰성을 측정하기 위해 일반적으로 Cronbach's α 계수에 의한 내적 일관성(internal consistency) 검증이 많이 사용된다. 실험, 구조화된 면접, 구조화된 관찰을 실시하는 경우에도 그 절차가 상세히 설명되어야 한다.

양적 연구논문에서 자료 수집을 서술하는 예는 다음과 같다.

> 3. 자료 수집
>
> 유아의 친사회적 행동 측정실험에서 사용되는 보상물의 적절성을 확인하기 위하여 수원의 한 유치원에서 예비실험을 진행하였다. … 본 조사를 위한 친사회적 행동 측정실험은 xxxx년 xx월 xx일부터 xx일까지 만 5세 유아를 대상으로 수도권의 10개 유치원에서 실시되었다. 친사회적 행동 측정실험의 절차는 … 한편, 부모의 양육행동 유형을 측정하기 위하여 친사회적 행동 측정실험에 참여한 유아의 부모들에게 질문지를 배포하였다. 자료 수집 기간은 xxxx년 xx월 xx일부터 xx일이었다. 배포된 총 500부의 질문지 중 응답이 부실한 경우를 제외하여 실제 분석에는 총 400부(200쌍)가 사용되었다. 본 척도는 5가지 양육행동 유형으로 구성되며, 각 20문항으로 이루어졌다. 본 척도의 신뢰도를 측정하기 위한 Cronbach's α 계수 검증 결과는 … [중략].

한편, 질적 연구에서는 다양한 질적 자료의 수집을 위해 개방적 면접법, 참여관찰, 시각 자료(예: 그림, 사진 등)나 기록물(예: 편지, 일기 등)을 사용한다. 질적 자료 수집은 현장성, 융통성, 개방성이 있는 장점이 있지만, 변인 측정 도구가 구조화된 양적 연구에 비해 신뢰성이 낮다는 비판을 받아 왔다. 이를 해소하기 위해 질적 연구자는 자료 수집 절차의 설명, 연구 현장에 대한 소개, 면접이나 관찰을 실시할 때 발생한 상황의 묘사 등을 상세히 해야 한다.

질적 연구논문에서 자료 수집 방법을 서술하는 예는 다음과 같다.

3. 자료 수집

본 연구는 개별 심층면접(in-depth interview) 방법을 이용하여 자료를 수집하였다. 심층면접은 연구참여자가 경험한 현상에 대한 실존적 의미를 도출하고 이해하는 것에 목적을 둔다. 자료 수집 기간은 xxxx년 xx월부터 총 6개월이 소요되었다. 면접 시간은 각 사례별로 평균 3시간 정도 소요되었다. 면접 장소는 연구참여자가 편안한 분위기 속에서 자유롭게 이야기할 수 있도록 … 연구자는 심층면접 전에 연구참여자에게 면접의 개요를 설명하고, 면접 내용이 녹음되는 것과 비밀보장을 고지한 후 연구참여 동의서를 받았다. … 면접은 개방형 질문으로 구성되었으며, 주요 질문 내용은 다음과 같다: 첫째, … 둘째, … 셋째, … 면접자는 먼저 개방형 질문을 하고, 연구참여자의 답변에 대해 구체적인 추적질문을 실시하였다.

(3) 자료 분석 방법

연구자는 수집한 자료를 왜곡해서는 안 되며, 엄격하고 공정한 절차대로 자료를 분석해야 한다. 자료 분석은 수집된 자료의 특성에 적합한 방식으로 실시된다. 양적 연구자는 자료를 수량화하고, 통계분석 프로그램을 이용한다. 양적 논문에는 변인을 생성하는 과정과 통계적 검증 절차가 구체적으로 기재되어야 한다.

한편, 질적 연구자는 자료의 의미를 도출하고, 연구참여자가 놓인 사회문화적 맥락을 고려한 해석을 하게 된다. 질적 자료 분석의 엄정성을 확보하기 위해 연구자는 의미를 추출하고 범주화하는 과정을 구체적으로 설명할 필요가 있다.

6) 연구결과

연구결과는 서론에서 제기했던 연구문제에 부합되는 순서대로 서술하는 것이 일반적이다. 양적 논문에는 통계적 결과표로 연구결과가 제시된다. 연구자는 반드시 제시한 표를 설명해야 하며, 표의 내용을 단순 반복하는 것이 아니라 통계적 결과가 의미하는 바를 해석해야 한다. 질적 논문에서 연구자는 도출한 주제를 중심으로 서술하며, 각 주제에 대한 해석과 이를 뒷받침하는 연구참여자들의 인용문이나 시각 자료 등을 제시한다.

모든 연구자는 임의로 결과를 과장하거나 축소하는 것, 편파적 해석을 하는 것, 논리적 비약을 하는 것 등이 비윤리적임을 숙지해야 한다. 연구자는 결과가 지니는 학문적, 실천적, 사회적 함의를 고려해서 공정하고 책임감 있게 결과를 보고해야 한다.

7) 논의 및 결론

논의 및 결론에서는 연구결과의 요약, 선행연구와의 비교, 연구의 제한점 및 공헌점, 후속 연구 제안 등이 기술된다. 구체적으로, 연구자는 서론에서 제시한 연구목적을 다시 한 번 서술하고, 산출된 연구결과를 간단히 요약한다. 이후 논의를 전개하는데, 해당 연구에서 도출된 결과와 선행연구를 비교하며 공통점과 차이점이 나타난 이유를 밝혀야 한다. 논의는 구체적인 통계 수치를 직접 언급하거나 연구결과를 단순히 반복하는 것이 아니다. 결과에 대한 연구자의 비판적 해석과 통찰이 드러나야 하며, 연구목적에 부합되는 시사점을 제공해야 한다.

연구자는 자신이 실행한 연구의 제한점이 무엇인지를 기술하고 동시에 후속 연구가 이를 보완하기 위해 어떤 방향으로 진행되어야 할지를 제안한다. 또한 기존 연구와 차별화되는 이론적, 방법론적, 실천적 공헌점도 주장할 수 있다. 끝으로, 연구의 최종 결론을 간결하고 함축적인 문장으로 기술한다.

학술논문에서 연구의 제한점, 공헌점, 후속 연구를 제안하는 예는 다음과 같다.

> 본 연구는 대학생 자녀만을 연구에 참여시킴으로써 가족 전체의 역동을 고찰하는 데 한계를 지닌다. … 본 연구는 자녀의 관점만을 분석하였지만 후속 연구에서 부모까지 자료 수집에 참여시킨다면 가족역동의 다면적 이해가 가능할 것이다. … ← 제한점 / 후속 연구 제안
>
> 이러한 제한점이 있지만 본 연구는 다음과 같은 공헌점도 가진다. 첫째, 본 연구의 이론적 공헌점은 … 둘째, 본 연구의 방법론적 공헌점은 … 셋째, 본 연구의 실천적 공헌점은 … ← 공헌점

8) 사사 및 공지

사사(acknowledgements)는 학술논문이 학술지에 게재될 때 반드시 밝혀야 하는 내용을 기재하는 부분이다. 먼저, 논문의 공동 저자는 아니지만 연구에 도움을 준 사람들에게 감사의 내용을 전할 수 있다. 예를 들면, 연구에 직접 참여해 준 사람들, 자료 수집을 도와준 사람들, 논문 초안에 도움말을 준 동료 등에게 감사의 인사를 간단히 기재하는 것이 연구자의 윤리에 합당하다.

만약 학술논문이 특정 기관의 연구비나 지원금을 받아 수행되었다면 이를 공지(notes)해야 한다. 학술지에 따라 연구비 지원과 관련된 사항을 사사에 넣기도 하고, 따로 공지 부분을 두고 기재하기도 한다.

연구비 지원금의 출처를 기재하는 예는 다음과 같다.

> 이 논문은 2016년 정부(교육부)의 재원으로 한국연구재단의 지원을 받아 수행된 연구임(NRF-2016############).
>
> This study was supported by the 2016 National Research Foundation of Korea (NRF-2016############).

또한, 공지에는 해당 학술논문의 내용이 사전에 공개된 적이 있는지를 밝혀야 한다. 본 학술논문이 학위 논문의 일부이거나 축약본인지를 기재하고, 유사한 내용 또는 내용의 일부가 학술대회 등에서 미리 발표되었는지도 기재해야 한다.

학위 논문이나 학술대회 발표에 대해 다음과 같이 기재할 수 있다.

> 본 논문은 제1저자의 2016년도 ○○대학교 박사학위 청구논문의 일부임.
> This article is a part of the first author's doctoral dissertation submitted to ○○ University in 2016.
>
> 본 논문은 2016년도 한국아동학회 춘계 학술대회 포스터 발표 논문임.
> This article was presented as a poster at the 2016 Annual Spring Conference of the Korean Association of Child Studies.

최근 학술지 발행기관들마다 투고된 논문이 특정한 이해관계가 있는지 밝히도록 요구하는 경향이 있다. 예를 들어, *아동학회지*에서는 이해상충(conflict of interest)이라는 부분을 반드시 기재하게 한다. 만약 이해관계가 없는 논문인 경우에는 "본 논문은 특정 이해관계의 상충이 없음(No potential conflict of interest relevant to this article was reported)."이라고 명기하면 된다.

만약 이해관계가 발생할 가능성이 있으면 연구자는 이를 솔직히 기재해야 한다. 이런 경우는 연구비 지원과 관련된 경우를 들 수 있다. 연구비를 지원하는 기관이 정치적 성향을 띠거나 경제적 이해를 추구하는 경우, 연구결과가 중립적이라고 평가하기 어렵다. 연구자는 공지를 통해 연구비를 어디서 지원 받았는지 기재하고, 이해상충 여부에 대해서도 명시해야 한다. 연구비 출처를 밝히는 것은 지원기관에 대한 의무일 뿐 아니라 논문의 결과를 평가하는 독자에 대한 의무이기도 하다.

한편, 학술논문 마지막에 ORCID (Open Researcher and Contributor ID)를 표시하는 경우도 있다. ORCID는 각 연구자에게 배정되는 식별자(identifier)를 의미한다. 책마다 고유한 ISBN (국제표준도서번호)을 갖고 있는 것처럼 연구자도 자신만의 ORCID를 갖는 것이 바람직하다. 이는 연구자가 타인과 혼동되는 것을 막고, 논문에 대한 배타적 권리를 확보하는 데 도움을 준다. 비영리기관인 ORCID, Inc.에 가입하여 식별자를 받고, 이를 논문의 참고문헌 뒤에 기재하는 것이 확산되는 추세다.

9) 참고문헌

연구자는 선행연구를 고찰하거나 논의를 전개하면서 다양한 문헌들을 본문에 인용하게 된다. 인용된 참고문헌들은 각각의 학술지 양식에 의거하여 빠짐없이 기재되어야 한다. 이는 타인의 저작물을 인용할 때 준수해야 하는 연구윤리인 동시에 자신의 논문이 학문적 근거가 있음을 증명하기 위한 것이다. 인용된 문헌들은 연구주제와 직접적인 관련성이 있어야 하며, 단순히 나열되는 것은 무의미하다. 학술논문에서 참고문헌을 기재하는 방식은 "III. 참고문헌 인용"에서 구체적으로 설명하고자 한다.

10) 부록

부록은 학술논문의 마지막에 첨부되는 자료로서 전체 연구과정을 이해하는 데 도움이 되는 표, 그림, 사진, 기타 문서 등을 말한다. 학술지에 게재하는 경우, 한정된 지면 때문에 부록을 싣는 것이 쉽지는 않다. 하지만, 석박사 학위 논문의 경우에는 부록을 충실히 제시하여 연구과정의 타당성을 보여 주는 것이 가능하다.

연구자는 부록에서 자료 수집 절차를 상세히 기술하거나 측정 도구를 소개할 수 있다. 단, 타인에게 저작권이 있는 측정 도구나 검사지를 수록해서는 안 된다. 또한, 추가적인 분석결과를 보조표로 제시하여 연구결과에 대한 독자의 이해를 도울 수도 있다. 학위 논문인 경우, 기관윤리위원회(Institutional Review Board [IRB])의 권고에 따른 연구참여 동의서 샘플을 첨부할 수도 있다.

3. 학술논문의 서술

1) 문체

문체는 논문의 저자가 사용하는 문장의 양식을 의미하며, 글쓴이의 개성이 드러난다. 하지만 학술논문의 문체는 예술적 글쓰기와는 달라야 한다. 연구자는 학술논문에서 객관적인 사실을 전달하고, 근거에 따라 논리적 주장을 펼친다.

학술논문의 글쓰기에서 중요한 것은 논리성이다. 문장과 문장, 문단과 문단, 그리고 논문 전체의 흐름이 유기적으로 연계되어야 한다. 특히 서론, 선행연구 고찰, 논의 부분에서 기-승-전-결의 구조를 따르는 것이 중요하다. 논리의 비약이나 근거 없는 해석이 등장하면 논문 전체의 타당성을 위협받게 된다.

학술논문은 간결하고, 정확한 문어체로 작성될 필요가 있다. 이를 위해 단문의 사용이 추천된다. 한 문장 안에 하나의 개념을 전달하는 것이 효율적이다. 두 개 이상의 절로 구성된 복문은 의미를 명료하게 전달하기 어렵다. 특히 추상적이고 복합적인 개념을 설명할 때 필요 이상으로 문장이 길어지는 것을 주의해야 한다.

학술논문의 글쓰기에서 당위성을 강조하거나(예: 반드시 –해야만 한다) 가치판단적 표현(예: –이 맞다, –이 좋다)은 조심해야 한다. 또한 단정적이고 일방적인 주장으로 느껴지지 않도록 개방적이고 객관적인 문체를 추구하는 것이 효과적이다. 한편, 형용사나 부사를 과도하게 사용하면 감상적으로 여겨질 수 있다. 특히 질적 논문에서 연구자가 인용문을 극적으로 묘사한다거나 논리보다 감정에 호소하는 경향은 지양해야 한다.

2) 문법

문법이란 말의 구성 및 운용상의 규칙을 뜻한다. 학술논문에서 문법에 맞지 않는 문장이 반복된다면 연구내용의 신뢰성마저 의심 받을 수 있다. 기본적으로, 연구자는 문장의 주어와 술어가 일치하는지 확인해야 한다. 구어에서는 뜻이 통하지만 문어에서는 주어, 목적어, 보어가 혼재되면 정확한 의미의 전달이 어렵다. 특히 주어가 자주 생략되는 국어의 특징을 고려하여 조사의 사용에 유의하여야 한다.

연구자는 가능한 수동태를 피하고 능동태로 서술하도록 노력한다. 동사의 시제에도 유의해야 하는데, 선행연구 고찰, 연구절차, 연구결과는 일반적으로 과거형으로 서술한다. 한 문단은 두 개 이상의 문장으로 구성됨을 명심한다. 논문을 투고하기 전에 맞춤법과 띄어쓰기를 점검하는 것은 필수적이다. 논문을 작성할 때 국립국어원(2016)의 *표준국어대사전*을 이용하는 것이 좋다.

연구자가 논문의 초안을 작성한 후, 해당 전공 동료나 국문학 전공자의 도움을 받는 것도 효과적이다. 이들이 초안을 읽고 피드백을 주면 논문의 내용적 측면이나 서술 방식을 개선하는 데 도움이 된다.

3) 반편견 및 비차별적 개념의 사용

언어결정론(linguistic determination)에서는 어떤 언어를 사용하는가에 따라 인간의 사고가 좌우된다고 주장한다. 학술논문에서 사용된 단어는 연구자의 사고를 반영하기도 하지만 동시에 독자의 사고에 영향을 미치는 힘이 크다. 연구자는 논문에서 사용하는 단어가 미치는 파장을 인식하고, 이에 책임감을 가져야 한다. 또한, 연구자 개인이나 특정 집단의 이익을 홍보하지 않도록 유의해야 한다.

학술논문에서 연구자는 공식적인 용어를 사용하도록 노력한다. 해당 학문 분야에서 인정되는 전문 용어를 사용하되, 법적으로 공인된 단어를 쓰는 것이 바람직하다. 예를 들어, "영유아보육법"(2016. 2. 3. 법률 제14001호) 제2조에 따르면 "보육교직원"을 "어린이집 원장, 보육교사와 그 밖의 직원"으로 규정하고 있다. 한편, "유아교육법" (2015. 12. 22. 법률 제13574호) 제20조에서는 유치원의 "교원으로 원장, 원감, 수석교사 및 교사"를 구체화한다. 이처럼 법적으로 명확한 구분이 있음에도 불구하고 논문에서 이들을 혼용한다면 연구대상에 대한 오해를 야기할 수 있다.

연구자는 학술논문에서 특정한 가치가 포함되지 않는 중립적인 용어를 사용해야 한다. 다음의 예와 같이, 아동과 한쪽 부 또는 모로 이루어진 가족을 편부가정 또는 편모가정으로 호칭할 수 있다. 하지만, "편"이란 단어가 주는 어감이 긍정적이라고 보기 어렵다. 이 경우에는 "한부모가족지원법"(2016. 3. 2. 법률 제14069호) 제4조에 명시되어 있는 "한부모가족, 부자가족, 모자가족"이란 용어를 사용하는 것이 적절하다. 간혹 결손가정이라는 용어가 언급되는데, 이는 양부모가족을 정상가족으로 보고 나머지를 비정상으로 폄하하는 위험한 이분법으로서 지양되어야 한다. 연구자는 용어를 선택할 때 편견이나 차별적 개념이 내포되지 않았는지 스스로 검열하는 훈련을 해야 한다.

(차별적 용어) 결손가정
(비차별적 용어) 한부모가족, 부자가족, 모자가족

한편, 연구에 참여한 대상이 사회적 약자인 경우 이들을 옹호(advocate)하는 의도에서 특별한 용어를 사용할 수 있다. 다음 예와 같이, "성폭력범죄의 처벌 등에 관한 특례법"(2014. 12. 30. 법률 제12889호)에서는 "성폭력범죄의 피해자"라는 용어를 정의한다. 하지만 피해자(victim)라는 단어의 수동성을 고려하여 미국에서는 의지를 갖고 살아남았다는 적극적 측면을 부각시킨 생존자(survivor)라는 용어를 사용하려고 한다. 이러한 경우, 연구참여자가 불리기를 원하는 용어를 사용하는 것이 대안이 될 수 있다. 또 다른 예로서, "가정폭력방지 및 피해자보호 등에 관한 법률"(2016. 3. 2. 제14058호)에 따라 "가정폭력피해자 보호시설"이 설치되어 있다. 하지만 이곳에 거주하는 연구참여자들은 "보호시설"이라는 용어 대신 "쉼터"라는 비공식적 용어를 선호한다. 이 경우, 연구자는 연구결과의 객관성을 저해하지 않는다는 전제하에 연구참여자들이 선호하는 용어를 논문에 사용할 수도 있다.

(중립적 용어) 성폭력범죄 피해자
(옹호적 표현) 성폭력범죄 생존자

(중립적 용어) 보호시설
(옹호적 표현) 쉼터

II
논문의 편집

II. 논문의 편집

1. 원고 작성의 편집양식

연구자가 학술지에 논문을 투고하고자 할 때는 학술지가 정해 놓은 투고 규정에 따라 논문을 작성한 후 학회에 제출해야 한다. 투고 규정에는 연구자가 논문을 작성할 때 따라야 할 편집양식이 제시되어 있다. 편집양식이란 논문을 인쇄할 때 지침이 되는 일관성 있는 규칙을 의미하며, 이는 용지와 여백, 글자체와 글자크기, 문단 및 들여쓰기, 소제목 체제, 문장 부호, 수 표기 그리고 영어 표기 등을 포함한다.

논문 작성법은 가독성을 위해 시대의 변화에 맞게 융통성 있게 가능한 준수하는 것이 적절하며, 절대적인 것은 아니다. 각 학술지에서 규정한 편집양식은 다르지만, 여기에서는 *아동학회지*의 규정을 기준으로 살펴보고자 한다. 논문 편집양식은 국내 여러 학술지의 기준과 American Psychological Association (APA; 2013)의 제6차 출판 매뉴얼을 참고하였다. 문장 부호 및 띄어쓰기 등은 한국어의 특성을 고려하여 국립국어원(2014, 2016)에서 규정한 내용을 참고하였다.

논문의 편집은 각 학술지의 투고 규정에 따른다. *아동학회지*에 논문을 투고할 경우, A4 용지를 사용하여 신명조체로 작성하고 본문은 한글과 영어 모두 글자크기 11pt, 줄 간격 200%, 장평 및 자간 100%로 작성한다. 동일한 글자체와 글자크기를 사용할 경우 심사자와 편집위원들의 가독성을 높일 수 있고, 학술지 발행기관이 논문의 길이를 예측할 수 있다는 이점이 있다. 그림의 제목과 표에서는 신명조체 10pt를 사용하며, 그림의 내용은 중고딕으로 표기한다. 논문 작성 시 한 문단은 반드시 두 문장 이상으로 이루어져야 한다. 새로운 문단은 두 칸 들여쓰기를 한다.

1) 소제목 체제

APA 최근 개정판(2013)에서는 소제목 체제를 단순하게 바꾸었다. *아동학회지*는 37권 2호부터 APA의 소제목 체제를 적용한다. 소제목 체제는 형식 또는 외양을 통해 절의 위계를 형성하며, 동일하게 중요한 주제들은 원고에서 일관성 있게 동일한 소제목 수준을 유지한다. APA의 학술지 소제목 5수준에 대한 체제는 다음과 같다.

〈5수준 형식〉	〈한글 예시〉	〈영어 예시〉
1 진한 고딕체, 15pt	**II. 연구방법**	**Methods**
2 진한 신명조체, 13pt	**1. 연구대상**	**Participants**
3 한 칸 들여쓰기, 진한 신명조체, 12pt	**1) 실행기능**	**Executive function**
4 두 칸 들여쓰기, 진한 신명조체, 이탤릭체, 11pt	***(1) 인지적 실행기능 과제***	***Cognitive executive function task***
5 세 칸 들여쓰기, 신명조체, 이탤릭체, 11pt	*① 카드분류 과제*	*Card sorting task*

2) 문장 부호(또는 구두점)

(1) 마침표

마침표는 서술, 명령, 청유 등을 나타내는 문장의 끝에 사용하며, 논문 또는 표의 제목에는 마침표를 사용하지 않는다. 단, 그림의 아래에 붙이는 그림 제목(또는 캡션)의 경우, 제목이나 각 주 끝에 마침표를 찍어 구분한다. 제목과 관련된 마침표에 대해서는 본 장의 영어 표기, 표와 그림의 편집 부분을 참조하도록 한다. 또한 영어 약어, 참고문헌의 표기 시 학술지 편집 규정에 따라 사용하도록 한다. 참고문헌과 인용 시 사용되는 마침표에 대해서는 "III. 참고문헌 인용"을 참고하도록 한다.

(2) 가운뎃점

가운뎃점은 둘 이상의 어구를 하나로 묶어서 나타낼 때[1], 공통된 단어의 반복을 줄여서 하나의 어구로 묶고자 할 때[2], 또는 쉼표로 열거된 어구들이 짝을 지어 여러 단위로 나뉠 때 짝을 이루는 같은 계열의 단어 사이에[3] 사용한다. 그러나 가운뎃점의 사용은 문장의 흐름을 방해할 수 있으므로 자주 사용하는 것은 지양하며 가독성을 위해 가운뎃점을 생략하거나 쉼표로 대신할 수도 있다.

[1]저출산 · 고령사회기본법

[2]사회 · 정서 발달, 중 · 고등학생, 상 · 중 · 하위권

[3]부 · 아동, 모 · 아동, 교사 · 아동 애착

(3) 쉼표

① 쉼표는 주로 대등한 자격의 단어, 어구, 절, 또는 문장 등을 열거할 때[1, 2], 종속적인 절이 이어질 때나 문장 안에서 짧은 휴지를 나타내고자 할 때[3], 짝을 지어 구별할 필요가 있을 때[4] 사용한다.

[1]영아의 울음은 배고픔, 졸림, 아픔, 불쾌함 등 여러 가지 정서적 이유가 있다.

[2]'유아교사 업무에 대한 만족'에 해당하는 문항들로는 "나는 일을 하고 있을 때 시간이 빨리 가는 것 같다.", "나는 유아교사로서 성공하고 싶다.", "나는 일하지 않고 집에 있고 싶을 때가 자주 있다." 등이 있다.

[3]연령별로 살펴보면, 1세 3분, 2세 10분, 3세 20분인 것으로 나타났다.

[4]개와 늑대, 고양이와 표범, 종달새와 타조 등과 같이 같은 과에 속하는 동물들끼리 짝지어 범주화하는 과제를 제시하였다.

② 문장 첫머리의 접속어[1], 앞 뒤 문장이나 문장 간에 연결을 나타내는 말[2], 열거의 순서를 나타내는 어구[3] 다음에 사용한다. 단, '그리고'나 '따라서' 뒤에는 일반적으로 사용하지 않으며, 필요시 허용할 수도 있다.

[1]한편, 형제 유무에 따른 사회적 유능성은 유의한 차이가 나타나지 않았다.

[2]이와는 반대로, 중학생의 경우 부모의 심리적 통제가 높을수록 시험불안이 높은 것으로 나타났다.

[3]첫째, 잘못된 행동이 일어난 직후에 반응해야 한다. 둘째, 일관성 있게 지시해야 한다. 셋째, 대체할 수 있는 바람직한 행동을 함께 보여 주며 설명한다.

③ 숫자를 열거할 때와[1] 1,000 이상의 수를 표기할 때 세 숫자를 한 단위씩 묶어 쉼표를 찍어 줌으로써 자릿점을 나타낸다.[2]

[1]6, 12, 18, 24개월 영아를 대상으로 관찰하였다.

[2]출생자 수는 2000년 634,501명에서 2015년 438,700명으로 감소하였다.

(4) 콜론(:)

① 콜론(colon)은 쌍점이라고도 하며, 논문 제목에 부제를 달 때나[1], 표제 뒤에 간단한 설명이나 예시를 제시할 때[2] 사용한다. 주요 제목이나 표제 뒤에 바로 콜론을 붙이고, 콜론 뒤에는 한 칸을 띄고 부제나 설명을 덧붙인다. 이 외에도 대화 내용 인용 시 말한 사람을 표기하고자 할 때[3] 사용한다.

[1]초등학생의 부모에 대한 애착이 학교 적응에 미치는 영향: 자아존중감의 매개효과

[2]확인 질문: "(주머니를 닫고) 이 주머니 안에 무엇이 들어 있었지?"
반사적 반응: 빨기, 쥐기, 걷기, 모로, 바빈스키 반사 등

[3]연구자: 왜 그럴까?
서 현: 왜냐하면 … 아빠가 올 때까지 기다려야 해요.

② 대등한 집단 또는 대상을 대비하거나 비교할 때[1], 시간에서 시와 분[2], 장과 절을 구분할 때[3], 비율을 표시할 때[4] 사용한다. 또한, 참고문헌 표기 시 발행지와 출판사를 구분할 때[5] 사용한다.

[1]남:여 = 3.36:3.26

[2]12:30pm (오후 12시 30분)

[3]마태 25:29 (마태복음 25장 29절)

[4]교사와 아동의 비율 1:7

[5]서울: 학지사.

(5) 세미콜론(;)

세미콜론(semicolon)은 쌍반점이라고도 하며, 이미 쉼표를 포함하고 있는 요소들을 분리할 때 또는 문장 중에 여러 참고문헌을 나열하면서 각 문헌을 구분할 때 사용한다.[1] 나열되는 요소가 길고 복잡하며 다른 문장 부호를 포함하고 있어 쉼표로 구분하기가 어려울 경우, 세미콜론을 사용하기도 한다.[2]

[1]청소년기의 학업성적은 성인기의 사회적 적응을 예측하는 주요 변수 중 하나인 것으로 밝혀진 바 있다(Kang & Song, 2014; Lee, Yoo, & Shim, 2010; Oh et al., 2015).

[2]본 연구의 목적은 치료 유무에 따른 정서조절능력, 자기효능감, 분노표출 정도를 비교하고; 분노표출 정도에 있어 성과 치료 유무의 상호작용 효과를 살펴보고; 분노표출 정도에 대한 성, 치료 유무, 정서조절능력, 자기효능감의 상대적 영향력을 살펴보는 데 있다.

(6) 빗금(/)

빗금은 대등한 단어, 구 또는 절을 대응시키거나 대립하여 표현하고자 할 때[1] 주로 사용한다. 기준 단위당 수량을 표시할 때[2] 또는 문장 중 분수를 나타낼 때[3] 사용한다. 또한, 본문 중에 재출판 또는 번역본을 인용할 때[4] 원저 출판연도와 재출판 또는 번역본의 출판연도를 구분하기 위하여 그 사이에 빗금을 사용한다. 자세한 내용은 "III. 참고문헌 인용"을 참고하기 바란다. 빗금 또한 가운뎃점이나 붙임표와 마찬가지로 지나치게 많이 사용할 경우 글의 흐름을 방해할 수 있으므로 되도록 적게 사용하도록 한다.

[1]자다/주무시다, 먹다/잡수다, 주다/드리다, 있다/계시다
○○○이/가 보기에 누가 더 나쁜 행동을 했다고 생각하니?
유아의 적응/부적응 행동
Attention-Deficit/Hyperactivity Disorder
N/A (Not Applicable; 해당 없음)

[2]100m/s

[3]연구대상의 2/3가 과제를 완성하였다.

[4]Dewey (1910/1997)

(7) 큰따옴표

큰따옴표는 문장 가운데 대화 내용을 표시하거나 남의 말을 인용할 때 사용한다.[1] 정기간행물이나 단행본 내의 한 장(chapter) 또는 논문의 제목이 본문에서 언급될 때 이를 드러나게 하기 위해 사용되기도 한다.[2] 또한 앞에서 쉼표의 두 번째 예시와 같이 큰따옴표는 도구의 문항들을 제시할 때에도 사용된다.

[1]유아에게 내용물의 전형적인 특성이 잘 나타난 크레파스 상자를 제시한 후, 유아가 상자의 특성을 이해했는지 확인하기 위하여 "이 상자 안에 무엇이 들어 있을까?"라고 질문하였다.

[2]Piaget (1932/1997)의 "Chapter II. Adult Constraint and Moral Realism"에서 강조하고 있다.

(8) 작은따옴표

작은따옴표는 문장에서 강조하고자 하는 말을 드러나게 하기 위해 주로 사용한다.[1] 문장에서 신조어나 속어와 같은 말을 강조하기 위해 사용하기도 한다.[2] 강조하고자 하는 단어가 한 논문에서 반복될 경우에는 처음 제시할 때에만 작은따옴표를 사용한다. 큰따옴표로 인용한 문장 내에 또 다른 인용을 하거나 강조하고자 할 때 사용되기도 한다.[3] 문장에서 스스로에게 마음속으로 한 독백, 생각, 상상 등을 나타낼 때 사용한다.

[1]견본은 유아가 유치원이나 어린이집에 등교하여 하루를 보내는 내용으로 구성되었으며 '나무', '자동차', '오늘', '선생님' 등 유아에게 친숙한 단어들을 포함시켰다.

[2]'헬리콥터 맘'은 자녀의 일에 지나치게 간섭하며 자녀를 과잉보호하는 엄마를 가리키는 신조어 가운데 하나다.

[3]Friedrich와 Friederici (2004)는 "초기 반응이 그림에 대한 '점화 효과'를 반영한다."고 주장하였다.

(9) 소괄호(( ))

① 소괄호는 주요 개념이나 검사 도구의 원어를 기술하거나 우리말과 외국어

를 병행하여 표기할 때 사용하며, 문장 내에서 제시할 경우, 소괄호 안의 영어는 모두 소문자로 표기한다.[1] 검사 도구나 주요 개념 또는 변인명이 길어서 약어를 사용하고자 할 때[2] 사용한다. 단, 소괄호 안에 약어를 소개할 경우, 약어는 대괄호 안에 표기한다.[3]

[1]영아기에 주양육자와의 상호작용을 통해 형성된 내적 작동 모델(internal working model)은 아동기와 청년기를 거쳐 성인기까지 영향을 미칠 수 있다.

[2]Adult Attachment Interview (AAI)

[3]본 연구에서는 한국판 아동청소년 행동평가 척도(Korea-Child Behavior Checklist [K-CBCL])를 사용하였다.

② 문장에서 참고문헌을 인용할 때[1], 문장에서 생략 가능한 단어를 표기할 때[2], 보충 설명하거나 참조할 내용을 제시할 때[3] 사용한다.

[1]사회적 지지와 결혼만족도가 높을수록 어머니의 양육스트레스는 낮아지는 것을 알 수 있다(Jun & Kang, 2016).

[2]저자(들)의 견해에 따르면

[3]매개효과가 있는 것으로 나타났다(Figure X 참조).

③ 수학적 표기를 묶을 때나[1] 통계적 수치 중 자유도를 제시할 때[2], 또는 문장 중에 통계적 결과를 제시할 때[3] 사용한다.

[1]$\Sigma(X_i - X_j)^2$

[2]$F(1, 27) = 33.94, p < .001$

[3]유아가 사용하는 어휘의 수는 부모가 유아와 상호작용할 때 사용하는 언어적 표현의 빈도와 유의한 관계가 있는 것으로 나타났다($r = .59, p < .001$).

(10) 대괄호([ ])

대괄호는 소괄호 안에 또 괄호를 사용하여야 할 경우[1]에 사용한다. 통계적 수치 중 신뢰구간을 표기할 때[2]도 사용한다.

[1]분리불안검사(Separation Anxiety Test [SAT])

[2]95% CI [11.9, 24.1]

(11) 붙임표(-)

붙임표는 두 개 이상의 단어를 사용하여 하나의 합성어를 나타내고자 할 때 주로 사용한다.[1] 붙임표로 이어진 합성어는 단어의 수를 셀 때 한 개의 단어로 세어진다. 영어 표기에서 이름을 붙임표로 이어 표기할 경우[2] 또는 연령을 개월이나 연으로 기술할 때 붙임표를 사용한다.[3] 붙임표의 앞과 뒤는 한 칸을 띄우지 않는다.

[1]불안정-회피 애착
violation-of-expectation

[2]Gil-dong Hong

> [3]3– and 6–month–old infants

(12) 물결표(~)

물결표는 주로 범위를 나타낼 때 사용하며 물결표의 앞과 뒤는 한 칸을 띄우지 않는다.

> 과제를 수행하는 데 대략 6~10분 정도가 소요되었다.
> 유아가 얻을 수 있는 총 점수 범위는 0~5점이다.

(13) 별표(*)

논문에서 별표는 주로 유의도 수준을 나타낼 때 표 안이나 표 아래에 위첨자로 표기하여 사용된다.

> *$p < .05$. **$p < .01$. ***$p < .001$.

3) 수의 표기

(1) 아라비아 숫자로 표기하는 경우

측정단위 앞의 수, 통계치, 분수, 백분율, 비율, 시간, 날짜, 척도상의 점수 등은 원칙적으로 아라비아 숫자를 사용한다. 특수 용어나 검사 도구의 개정판 수 또는 장의 번호로는 로마 숫자를 사용하기도 한다(예: Type I error, BSID-III, II. 연구방법 등).

(2) 단어로 표기하는 경우

문장이나 제목의 처음에 수가 표기되어야 할 경우 그 수는 단어로 표기한다.[1] 그러나 이 경우, 문장의 구조를 수정하여 되도록 수로 시작되지 않도록 하는 것이 좋다.[2] 정확한 측정치를 나타내지 않는 경우에도 수를 단어로 표기한다.[3]

[1]십 년 전 출산율은 1.12이고 2015년 출산율은 1.24이다(통계청, 2015).

[2]통계청 인구동향 조사결과(2015)에 의하면, 출산율은 2006년에 1.12, 2015년에 1.24인 것으로 나타났다.

[3]약 오천만 인구 중에서 91%가 넘는 인구가 인터넷을 사용하고 있다.

(3) 소수

수치가 1보다 클 가능성이 있는 경우, 1보다 작은 숫자를 나타내기 위해 소수점 앞에 0을 붙인다.[1] 그러나 상관계수 r, 결정계수 R^2, 표준회귀계수 β, 유의 확률 p, 내적 합치도 α 등과 같이 통계치가 -1 이상 또는 1 이하로 1보다 클 가능성이 없는 경우, 소수점 앞에 0을 붙이지 않는다.[2] 또한, F, t, B, χ^2 등의 경우에도 1보다 클 가능성이 있지만, 소수점 앞에 0을 붙이지 않는다.

통계치를 제시할 경우, 소수점 이하 셋째자리에서 반올림하여 소수점 이하 둘째자리까지 제시한다. 자료의 특성상 소수점 첫째자리 또는 셋째자리가 자료의 의미를 더 분명하게 전달한다고 생각할 경우는 필요한 자릿수까지 제시한다.

[1]$SD_A = 0.23$, $SD_B = 12.47$

[2]$r = -.26$; $R^2 = .42$; $p < .01$; $\beta = .60$

4) 영어 표기

(1) 대문자 표기

① 영어로 문장을 쓸 때 첫 단어의 맨 앞 글자는 대문자로 표기한다. 성명[1], 학과나 대학교와 같은 특정 기관명[2], 검사 도구명[3], 지역명[4] 등의 고유명사는 첫 글자를 대문자로 표기하며, 고유명사가 여러 단어로 구성된 합성어인 경우 각 단어의 첫 글자를 대문자로[1~4] 표기한다.

[1]Min Sung Kim

[2]Department of Child and Adolescent Studies, Hankuk University

[3]Receptive and Expressive Vocabulary Test

[4]Pretoria, Gauteng, South African Republic

② 논문의 제목을 영어로 표기할 때 대문자, 소문자 사용 양식은 각 학술지마다 다양하다. 여기서는 *아동학회지*와 *Child Development*의 경우를 예로 설명하고자 한다. 영어 논문 제목의 모든 단어는 첫 글자를 대문자로 표기한다.[1] 주의할 점은, 제목에서 사용된 전치사나 접속어는 소문자로 표기하는데, 단어의 글자 수가 다섯 개 이상인 전치사나 접속어의 경우(예: Among, Between, Beyond, Through, Whether 등) 첫 글자를 항상 대문자로 표기한다.[1] 단, 단어가 다섯 글자 미만이지만 내용 전달에 있어 중요한 의미를 지니는 한정사 Its, Their, Our나 조동사 Am, Are, Is 또는 전치사 Than, With나 접속사 If, 그리고 부사 How, What, When 등과 같은 단어들은 첫 단어가 아니어도 항상 첫 글자를 대문자로 표기한다.[2] 제목이나 부제의 첫 단어로 사용되는 것 외에는 소문자로 표기하는 단어들

에 유의한다(예: a, an, at, from, the, up).[3] 표의 제목은 모든 단어의 첫 글자를[4], 그림 제목(또는 캡션)은 첫 단어의 첫 글자만 알파벳 대문자로 표기한다.[5]

[1]Relationship Between Smart Phone Usage and Social Development of Korean Children

[2]Postpartum Depression of the Mothers and Their 3–month–old Infants' Mental Health

[3]Attachment of an Adopted Child: A Longitudinal Case Study

[4]Table 1
Multiple Regression Predicting Academic Achievement

[5]*Figure 1.* Standardized coefficients for model 1.

(2) 이탤릭체 사용

① 일반적으로 본문에서 이탤릭체는 자주 사용하지 않도록 하며, 참고문헌, 표, 그림, 특정 통계기호 등의 표기 시에만 사용한다. 참고문헌을 영어로 표기할 시 단행본 제목[1], 정기간행물의 제목 및 권(volume)을 표기할 때[2] 이탤릭체를 사용한다. 표의 제목 부분과 그림의 번호를 표기할 때 사용되며 그 예는 앞서 대문자 표기 설명에서 제시하였다.

[1]Reymond, S. (2016). *Infant development.* Chicago, IL: University of Chicago Press.

[2]Harter, L. D., & Song, M. (2015). Father involvement in different social classes. *Development and Education, 37*(2), 158–171.

② 통계기호를 표기할 때 이탤릭체를 사용한다. 단, 통계기호 중 그리스어(예: α, β, χ, μ, λ 등)는 이탤릭체를 사용하지 않는다. 일반적으로 많이 사용되는 통계기호들 중 이탤릭체로 표기하는 것과 표기하지 않는 것으로 구분하여 예시로 제시하였다.

〈이탤릭체〉	〈이탤릭체 아닌 것〉
$p < .001$	Crobach's α = .94
$B = .46$	β = .47
$F(1, 136) = 20.15$	$\chi^2(7) = 5.26$
$df = 26$	λ = .23
Cohen's $d = 1.57$	$\eta^2 = .54$
$n = 69$	$\varepsilon^2 = .35$
$N = 405$	$\omega^2 = .47$
$M = 3.82$	Σ = 800
$SD = 2.98$	μ = 3.62
$t = 1.63$	RMSEA = .069
$r = .31$	95% CI [1.52, 1.73]
$R^2 = .36$	*Δ* (변화량)

(3) 약어 사용

① 약어 표기에서 마침표를 사용하는 경우는 참고문헌 목록에서 저자명을 제시할 때 저자의 성을 제외한 이름의 나머지 글자들은 첫 글자만 기록하고 마침표를 찍는다.[1] 참고문헌에서 단행본의 권차[2], 개정판의 판차[3], 페이지[4] 등을 표기할 때 마침표를 사용한다. 참고문헌과 관련된 자세한 저자명 표기 방법은 "III. 참고문헌 인용"을 참고하도록 한다. 이 외에도 라틴어의 약어에서 마침표를 사용한다.[5]

[1]Chang, Y. (2015). The effects of parental socioeconomic status on preschoolers' social competence. *Korean Journal of Child Studies*, *36*(6), 1–19.

[2]Vol. 3 (volume 3)

[3]2nd ed. (second edition)

[4]p. 6 (page 6); pp. 25-47 (page 25~page 47)

[5]i.e. = id est라는 라틴어의 약어 (that is)
e.g. = exampli gratia (for example)
vs. = versus (against)
et al. = et alii (and others)

② 약어 표기에서 마침표를 사용하지 않는 경우

대문자로 표기된 약어[1], 미국의 주 이름의 약어[2], 측정 단위[3], 또는 도구명이나 변인명과 같이 사전에 포함되지 않았으나 논문에서 자주 사용하는 약어[4] 표기 시에는 마침표를 사용하지 않는다.

[1]OECD, WHO

[2]NY, CA

[3]cm, kg

[4]REVT (Receptive and Expressive Vocabulary Test)

5) 띄어쓰기

독자의 가독성을 높이기 위해 각 문장 부호와 단어를 사용할 시 띄어쓰기를 적절하게 활용한다. 띄어쓰기의 기본 원칙은 단어별로 띄어 쓰는 것이다. 논문 작성법에서 살펴볼 띄어쓰기 규정은 문장 부호, 조사, 의존명사, 고유명사, 통계적 결과 제시 등에 대한 부분이다.

(1) 문장 부호

① 콜론: 앞 글자에 붙여서 쓰고 뒷 글자와 한 칸을 띄운다. 논문 제목에 부제를 붙일 때 활용할 수 있다. 비율을 표시하는 경우는 앞 뒤 모두 붙여 쓴다.

> 형제유무가 정서지능에 미치는 영향: 갈등해결전략의 매개효과

② 소괄호: 한글 뒤에 소괄호가 올 때는 앞과 붙여 쓰며[1], 영어 뒤에 오는 소괄호는 한 칸을 띄고 쓰도록 한다.[2]

> [1]이와 반대되는 결과를 보고한 연구도 있다(Davis & Underwood, 2011).
> [2]Simpson과 Tomade (1999)의 연구에 의하면,

(2) 조사

조사는 단어이지만 단독으로는 어휘적인 의미를 갖지 못하기 때문에 바로 앞에 오는 단어와 붙여 쓰도록 규정하고 있다.

> 조사의 목적은 진실을 밝히는 것이다. (조사: 의, 은, 을, 는, 이다)

(3) 의존명사

의미가 형식적이어서 다른 말 아래에 기대어 쓰이는 명사로써, 예로는 '간', '것', '따름', '뿐', '듯', '바' 등이 있다. 의존명사는 자립성이 결여되어 있는 단어이지만 한국어의 띄어쓰기 규정에서는 의존명사를 앞 단어와 띄어 쓰도록 하고 있다.

상대적으로 큰 것일 따름
하나의 예일 뿐
살펴본 바와 같이

(4) 고유명사

국립국어원(2014)의 띄어쓰기 규정에 따르면, 둘 이상 단어로 이루어진 고유명사는 원칙상 각 단어를 단위로 띄어 쓰도록 제시하고 있다. 한국어 사용의 일반적인 규정을 따르도록 하되, 학술전문 용어, 특정 이론이나 검사 도구명, 또는 변인명 등의 고유명사는 연구자의 의도에 따라 융통적으로 하며 붙여 쓰는 것이 가능하다. 단, 한 논문에서 사용된 동일한 고유명사는 동일한 띄어쓰기 양식을 사용하여 일관성을 유지한다. 일반적으로 대학명이나 학과명, 연구방법, 참고문헌과 같은 단어는 붙여 쓰고, 성명 뒤에 덧붙는 호칭은 띄어 쓴다(예: 홍길동 교수).

(5) 통계적 결과 제시

표와 그림 번호에서 Table, Figure 뒤에 순서대로 붙는 아라비아 숫자는 띄어 쓴다(예: Table X, *Figure X*). 통계기호와 숫자를 함께 제시할 경우, 기호의 앞뒤를 띄어 쓰도록 한다.

$\chi^2(7) = 6.87$
$^{**}p < .01.$ $^{***}p < .001.$

(6) 띄어쓰기를 하지 않는 경우

① 앞, 뒤 글자와 띄어 쓰지 않고 사용하는 문장 부호의 예는 다음과 같다.

〈문장 부호〉	〈예시〉
비율을 나타내는 콜론(:)	교사 대 유아 비율 1:5
빗금(/)	1/10초 단위, (1969/1982)
붙임표(−)	불안정−회피 애착
물결표(~)	9~12개월

② 숫자 뒤에 오는 단위는 앞의 숫자와 붙여 쓴다.

남아 39.0%, 여아 48.1%
150mm

2. 표의 편집

1) 표의 사용

연구자가 수집한 자료는 글, 통계 수치, 그림, 그래프 또는 사진 등 다양한 형태로 코딩이 되어 독자들에게 전달이 된다. 연구결과 중 특히 수치로 요약되는 결과나 원문 형태의 많은 정보를 제한된 지면에 효율적으로 제시하고자 할 때 표를 사용한다. 표는 양적 또는 질적 연구에서 자료 분석의 복잡한 결과나 중복되는 부분들을 본문에 직접 상세히 기술하는 것보다 하나의 표로 제시하는 것이 더 효과적일 때 사용하도록 한다.

하나의 표는 본문의 설명 없이도 이해가 가능하도록 약어, 측정 단위 및 기호 등의 의미가 표 내에, 또는 주를 통해 명시되어야 한다. 표에 제시한 내용이 단순하거나 본문에 서술하는 바와 다른 부분이 없다면 본문의 설명으로 내용을 전달하도록 한다. 최근에는 F, t값과 같이 정보가 간단할 경우, 본문 중에 직접 서술하는 경우가 많다.[1, 2]

[1]부모로부터의 학대 경험과 자기통제력이 공격성에 미치는 영향을 검정하기 위하여 위계적 중다회귀분석을 실시한 결과, 전체 회귀모형이 적합하게 나타났다(F = 37.36, p < .001).

[2]생활만족도 평균의 경우 중학생은 3.05점, 고등학생은 3.17점으로 고등학생이 중학생보다 유의하게 높은 것으로 나타났다(t = −2.03, p < .05).

표에 포함되는 내용이 지나치게 상세하거나 표의 양이 본문의 양보다 많은 경우, 논문의 흐름을 방해하고 독자의 이해에 어려움을 줄 수 있다. 따라서 표를 사용할 경우, 연구주제와 본문의 흐름상 직접적으로 관련이 있는 주된 내용을 제시하되 다른 표에 제시하는 정보와 중복되는 부분이 없도록 최대한 효율적으로 작성하도록 한다.

2) 표의 기본 형식

(1) 표의 편집양식

① 표의 편집양식은 학술지마다 다양하다. *아동학회지*의 경우, 2012년에 발간된 33권 1호 학술지부터 표는 초록, 그림, 참고문헌과 함께 영어로 표기한다. 각 학술지가 규정하는 편집양식에 따라 작성하도록 하며, 여기에서는 *아동학회지*

의 편집양식을 기준으로 다룬다.

② 표는 열과 행의 형태로 구성되며 모든 열에 대한 표제 단어를 머리글에 제시하도록 한다.

③ 표의 제목과 내용은 본문의 글씨체와 동일한 글씨체로 제시하며, 하나의 표에 들어갈 내용이 많거나 적다고 해서 임의로 글자크기를 조정해서 표를 줄이거나 늘리지 않는다.

④ 하나의 표는 되도록 한 쪽 내에 제시되도록 작성한다. 부득이하게 두 쪽에 걸쳐 작성해야 할 경우, 앞 쪽에서 시작한 'Table X'가 이어지는 다음 쪽 좌측 상단에 'Table X 계속'이라고 명시한다.

(2) 가로줄과 세로줄

① 표 작성 시 세로줄(수직선)은 사용하지 않는 것을 원칙으로 한다. 가로줄(수평선)은 표에서 열의 머리글에만 사용하고 그 외에는 되도록 사용하지 않도록 하되, 내용을 명확히 하는데 반드시 필요한 경우에만 사용한다.

② 표의 가장 위와 아래 가로줄은 굵은 실선을 사용하여 표의 시작과 끝을 표시하며, 표 안쪽의 가로줄은 가는 선을 사용한다.

③ 첫 번째 열이 두 번째 열의 여러 행을 동시에 설명하는 경우, 첫 번째 열의 같은 항목을 여러 번 반복하여 제시하지 않고 하나로 묶어 표기를 한다. 즉, 공통되는 부분을 쓰고 그 아래 행에 두 칸 들여쓰기를 하여 해당 하위 항목들을 제시하는 식으로 기술할 수 있다(Table 1 참조). 또는 가로줄, 세로줄을 사용하지 않고

이를 구분하기 위하여 첫 번째 열에 상위 항목을 제시하고 두 번째 열에 행을 나란히 하여 하위 항목들을 제시할 수도 있다.

Table + 아라비아 숫자, 줄 바꿔서 표의 제목 주요 단어 첫 글자 대문자, 신명조 이탤릭 10

*N*은 일반 주로 표기, *n*은 특수 주 또는 표 내 표기

통계표준 약어와 기호 사용은 설명 불필요

하단정렬, 좌우는 중앙정렬

Table 1

Group Differences for Parent-Child Behaviors Between Abuse Group and Non-Abuse Group

Parent-child behaviors	Abuse group (n = 583) *M* (*SD*)	Non-abues group (n = 609) *M* (*SD*)	*t*	*df*	Cohen's *d*
Parent behaviors					
Verbal praises	2.50 (0.55)	3.40 (0.59)	−2.93**	19	.55
Neutral comments	3.80 (0.11)	4.56 (0.11)	−1.97*	18	.44
Commands	3.79 (0.29)	3.50 (0.11)	1.06	20	.12
Child behaviors					
Positive behaviors	2.52 (0.16)	2.64 (0.16)	−.97	18	.13
Negative behaviors	3.31 (0.13)	3.50 (0.21)	−1.37	17	.11

*$p < .05$. **$p < .01$.

변인의 이름 첫 글자만 대문자, 하위 항목은 새로운 열 또는 아래에 두 칸 들여쓰기로 제시

*M*과 *SD* 사이에 간격 띄움, 표에서도 동일하게, 소수점 자리로 세로 줄맞춤

음수 기호 숫자에 붙이기

3) 표의 번호와 제목

모든 표는 그 표의 내용을 쉽게 알 수 있도록 하는 간단하고 명료한 제목을 붙인다. 한 논문에서 제시하는 표의 구성, 변인 및 항목 이름, 특수기호, 측정 단위 등은 일관성 있게 표기한다. 표에 일련번호를 매겨, 본문에서 언급할 때 반드시

표 번호로 인용하도록 한다. 본문 중에 제시하는 표에 번호를 붙이고 제목을 제시하는 경우, 다음의 몇 가지 사항에 주의한다.

(1) 표의 번호

① 표 번호는 아라비아 숫자로 하나의 논문에서 제시된 순서대로 번호를 매겨 표기한다. 표의 상단 왼쪽에 'Table X'로 표시한다.

② 여러 개의 표가 서로 관계가 있는 경우라도 표 번호는 하위 번호 매김을 하지 않는다. 즉, 1-1, 1-2 또는 1a, 1b 등을 사용하지 않으며, 하나의 표에 하나의 독립적인 일련번호를 제시한다. 작성된 여러 개의 표들이 서로 관련이 있어 설명을 동시에 하게 될 경우라면 되도록 이를 하나의 표로 결합하여 제시하는 것이 좋다.

(2) 표의 제목

① 모든 표에는 각 표에 제시된 전체적인 내용이 무엇인지를 쉽게 알 수 있도록 함축적인 제목을 간결하면서도 명확하게 붙여 주어야 한다. 표의 제목은 주로 구의 형태로 제시되며 끝에 마침표를 찍지 않는다. 한 논문에서 표의 제목으로 한 번 사용한 것을 다른 표의 제목으로 중복하여 사용할 수 없다.

② 통계분석 결과를 표로 제시하는 경우, 어떠한 통계분석 방법을 사용하여 나온 결과인 것인지와 어떤 변인들 간의 무엇을 분석한 것인지 등의 내용을 제목을 통해 추론할 수 있도록 제시해 주는 것이 좋다.

③ 표의 제목은 표 상단 왼쪽에 제시된 표 번호의 다음 줄에 들여쓰기를 하지 않고 열을 맞추어 영어로 제시한다. 표 제목은 이탤릭체로 제시하며, 전치사와 접속사를 제외한 각 단어 첫 글자는 알파벳 대문자로 표기한다.

④ 표의 제목이 한 줄 이상일 경우, 다음 줄의 첫 단어도 첫째 줄의 시작과 같이 맞추어 정렬한다.

⑤ 표의 제목에 표기되어 있는 통계치 t, F, r 등은 표의 제목에서 사용되는 경우 이탤릭체로 표기하지 않는다.

4) 표의 내용

(1) 열과 행의 제목(열과 행의 머리글)

① 표는 열과 행으로 내용을 유목화하여 제시한다. 이때 각 열 상단에 아래의 항목이 무엇인지를 나타내 주는 열 제목(또는 열 머리글)을 제시해 주어야 한다. 마찬가지로, 각 행의 왼쪽 끝에는 옆의 항목들이 무엇인지를 나타내주는 항목 이름을 행 제목(행 머리글)으로 제시해 주어야 한다. 열과 행의 제목은 정확하고 간결한 단어로 표기한다. 흔히 사용하는 통계치의 약어(예: %, *n*, *M*, *SD* 등)는 설명 없이 그대로 항목 이름으로 사용할 수 있다.

② 열 제목은 하나의 열만 담당한다. 만약 여러 개의 열 제목에 반복되는 단어가 있다면 상위 선반 제목으로 묶어서 제시할 수 있다. 열과 행 제목을 제시할 때 세 수준 이상의 상위 선반 제목은 되도록 사용하지 않도록 한다.

(2) 표 내 수치 표기 방법

① 표 내에 들어가는 수치가 소수를 포함할 경우, 소수점 이하의 자릿수는 측정의 정확성과 자료 이해에 도움이 되는 소수점 자리까지 제시하도록 한다. 주의할 점은 하나의 표 안에 들어가는 숫자는 소수점 이하의 자릿수를 똑같이 맞추고, 한 열 안에서의 측정단위는 같게 한다.

② 정확한 수치보다 반올림 수치가 자료의 특성을 더 명확하게 나타내 줄 수

도 있으므로 소수 값은 일반적으로 소수점 이하 셋째자리에서 반올림하여 소수점 이하 둘째자리까지 제시한다. 단, 소수점 이하 첫째자리까지의 값만 제시하는 것이 더 유용한 경우(예: 빈도, 백분율 등) 또는 소수점 둘째자리보다 셋째자리까지의 값까지 주는 것이 자료의 특성상 그 의미를 더 분명하게 전달하는 경우에는 소수점 첫째자리 혹은 소수점 셋째자리까지 제시할 수 있다.

③ 표 안에 들어갈 내용이나 자료가 없을 때는 공란으로 제시하고, 표의 하단에 주를 달아 공란이 의미하는 바를 설명한다. 단, 상관관계 표에서 대각선 위쪽의 경우와 같이 수치가 중복되어 편의상 생략할 경우는 설명 없이 공란으로 둔다.

④ 자료를 구하지 못하여 특정한 칸을 채울 수 없는 경우에는 해당 셀에 '—(대시)'를 삽입하고 주에 그 의미를 설명한다. 단, 상관관계 표의 경우 대각선 위치의 상관계수는 항상 1.00이며 이를 대시로 표시한 것에 대해서는 별도의 주를 달지 않는다.

⑤ 두 개의 표에서 숫자가 똑같은 열이 나오지 않도록 한다. 두 표가 중복된 내용일 때는 그 둘을 결합하여 하나의 표로 제시한다.

(3) 원문 형태의 글 제시 방법

① 변인, 하위 영역 또는 질적인 자료들에 대한 설명을 표로 제시할 경우에도 양적인 자료를 제시하는 표와 같은 편집양식을 따른다.

② 열과 행의 제목은 간단하고 명료하게 제시하며, 하나의 열 제목은 하나의 열을 담당한다. 모든 표에서 되도록 세로줄과 가로줄을 사용하지 않는 것을 권장하므로 항목 내용이 옆의 열에 제시한 여러 행의 내용을 대표할 경우 시작되는 행에 맞추어 항목 이름을 제시한다.

5) 표와 본문의 관계

(1) 표에 대한 설명

① 모든 표들은 본문에서 반드시 1회 이상 언급되거나 참조되어야 한다. 본문에서 표를 참조하여 설명할 때는 가급적 논문에 제시된 표의 순서대로 언급하도록 한다. 각 표가 다루고 있는 것이 무엇인지를 본문을 읽으면서 알 수 있도록 서술하며, 표와 그 표에 대한 설명은 서로 가까이 하여 제시한다.

② 논문에 제시된 표를 본문 중에 언급할 때는 표 번호로 지칭한다. 'Table X에 제시된 바와 같이' 또는 표로 제시된 내용을 서술한 문장 끝에 '(Table X 참조)'라고 표기한다. 표가 제시된 쪽수나 위치에 대한 설명으로 표를 지칭하지 않도록 한다.

③ 표는 본문의 내용을 보완해 주므로 본문에서는 표에서 주의 깊게 보아야 할 부분들을 알려 주고 가장 중요한 부분만 선택적으로 설명하도록 한다. 표에 제시된 모든 정보를 본문에서 세세하게 다시 설명할 필요는 없다. 통계치의 수치가 의미하는 바가 무엇인지 객관적이며 사실적인 해석을 본문에 기술한다. 또한, 각 표는 본문의 설명을 보지 않고도 이해할 수 있도록 제시한다.

(2) 표의 인용

① 다른 저서나 논문에서 제시된 표를 인용하는 것은 되도록 지양하며, 표를 인용하는 대신 표가 제시된 참고문헌 정보를 인용하도록 한다.

② 글을 이해하는데 다른 출처의 표 전체 또는 일부분을 인용하는 것이 필요할 경우, 우선 저작권자로부터 반드시 허가를 얻도록 한다. 표를 제시하고 주(*Note.*)를 표 아래 달아서 원저자와 저작권자의 허가 내용과 함께 출처를 명확히 기술하고 참고문헌 목록에도 표기한다. 저작권이 있는 표 또는 그림 자료를 인용

한 논문을 투고할 경우, 인용허가서를 원고와 함께 제출한다.

6) 표의 주

표는 그 자체로서 이해할 수 있도록 작성되어야 하므로 표에서 약어나 특수기호 등을 사용하거나 단서를 달 경우 표 아래 주를 달아 간단하게 설명하도록 한다. 주의 종류에는 일반 주(general note), 특수 주(specific note), 확률 주(probability note)가 있으며 주를 달 때는 다음의 몇 가지 사항에 주의한다.

(1) 일반 주

① 일반 주는 표의 전체적인 내용과 관련 있는 단서를 달거나 표를 간단하게 작성하기 위해 사용된 약어, 소괄호 및 특수기호 등에 대한 설명을 할 경우 사용한다. 주가 필요한 해당 표 아래 '*Note.*'라고 표기하고 한 칸 띄운 후 이어서 내용을 기술한다. 주의 내용이 두 줄을 넘어가면, 다음 줄의 시작은 들여쓰기 없이 *Note* 글자에 맞추어 정렬한다. 일반 주의 마지막 단어 다음에 마침표를 찍어 끝을 표기한다.

② 흔히 쓰이는 통계치(예: *M*, *SD* 등)에 대한 설명은 별도의 주를 달아 주지 않아도 된다. 흔히 쓰이지 않는 약어 또는 논문에서 편의상 사용하는 약어에 대한 설명은 *Note*.를 달아 첨가하도록 한다(Table 2 참조).

(2) 특수 주

① 특수 주는 표 내에 특정한 열, 행, 또는 특정한 항목에 대한 설명을 하고자 할 때 사용한다. 특수 주는 설명표 전체적인 내용과 관련된 일반 주가 있을 경우, 일반 주를 먼저 제시하고 그다음 새로운 줄에 특수 주를 단다.

② 특수 주는 표 내 설명이 필요한 특정 열, 행, 또는 항목 옆에 붙여서 알파벳 소문자 위첨자(예: a, b)로 표시하고, 하나의 표에 여러 개의 특수 주를 달 경우, 위의 왼쪽에서 오른쪽 방향으로, 위에서 아래 순으로 표기하도록 한다. 표 아래에 각 특수 주에 대한 내용을 차례대로 설명한다. 각 특수 주의 내용은 마침표로 분리한다(Table 2 참조).

(3) 확률 주

① 확률 주는 통계적 유의성 검정 결과 확률 수준치 또는 유의도 수준에 대한 설명을 할 때 사용한다. 통계적 유의도 수준은 별표 위첨자 형태(*)로 나타내는데 일반적으로 유의도가 5% 이하인 경우부터 유의한 것으로 표기한다. 표에 일반 주 또는 특수 주가 있을 경우, 이를 먼저 제시하고 확률 주는 마지막에 새로운 줄에 들여쓰기를 하지 않고 표기한다(Table 2 참조).

② 하나의 표에 세 종류의 주를 모두 제시할 경우에는 일반 주, 특수 주 그리고 확률 주의 순서로 배열한다(Table 2 참조).

③ 표 내에 유의도 검정한 통계적 수치가 유의도가 5% 이하 수준으로 유의할 때 별표 한 개(*), 1% 이하 수준일 때 두 개(**), 0.1% 이하 수준일 때 세 개(***)로 표시한다. 각 표에서 사용된 별표에 한해서만 그 의미를 확률 주로 제시한다. 별표 다음에 띄어쓰기를 하지 않고 내용을 기술하며, 부등호 사용 시 전후로 한 칸씩 띄워 준다. 각 확률 주의 내용 또한 마침표로 분리한다(예: *p 〈 .05. **p 〈 .01.; Table 3 참조).

위 아래 굵은 선

Table 2

One-Way Analysis of Variance Summary Table for the Effects of Interaction Program on Delinquency

Source	*df*	*SS*	*MS*	*F*	η^2	Scheffé
Between-group	2	145.44	72.72	19.57***	.12	a < b < c
Within-group	324	1203.68	3.72			
Total	326	1218.23				

Note. a = 4th grade; b = 5th grade; c = 6th grade.

$^{***}p < .001$.

약어에 대해서는 표 아래 설명
Note 첫 글자 대문자, 이탤릭체
두 줄 이상 시 첫 글자 정렬

다음 설명 구분은
세미콜론

일반 주
특수 주
확률 주

표의 내용 부분은
윗 정렬

7) 표의 유형별 제시 방법

(1) 기술통계 표

① 연구에 사용된 자료의 속성을 간단하고 이해하기 쉽게 통계적으로 요약하여 설명해 주는 것이 기술통계(descriptive statistics)다. 일반적으로 수집된 자료의 평균, 표준편차, 최소값, 최대값, 범위, 빈도분포 등의 정보가 이에 속한다.

② 제한된 지면을 최대한 경제적으로 사용하고 자료 제시를 효율적으로 하기 위하여 자료 분석에서 사용된 변수들에 대한 기술통계는 집단 간 차이 검정이나 변수들 간의 상관관계와 같은 기초적인 통계적 검정 결과와 함께 하나의 표에 제시하는 것을 권장한다(Table 1, Table 3 참조).

(2) 상관분석 표

① 상관분석 표는 자료 분석에서 사용된 변수들이 여러 개이고 변수 간 상관

관계를 살펴보고자 할 때 제시한다. 상관계수를 표에 제시할 경우, 표 제목에 어떤 종류의 상관계수를 제시한 것인지를 포함하도록 한다. 부분상관계수일 경우, 통제된 변수 명을 제목이나 일반 주에 명시한다.

② 변수가 연속변수일 때 사용하는 것을 원칙으로 한다. 명목척도와 같은 비연속변수를 가변수 코딩(dummy coding)하여 상관관계 표에 포함시키고자 할 경우, 코딩한 내용을 표 아래 주에 명확하게 제시하도록 한다(예: *Note*. Sex: male = 0, female = 1; Group: control = 0, experimental = 1).

③ 상관분석 표에서 상관계수 수치는 반올림하여 소수점 둘째자리까지만 제공하며, 소수점 앞에 0은 생략한다.

④ 상관분석 표는 대각선을 중심으로 대칭이 되므로 대칭되는 수치를 중복하여 제시하지 않는다. 일반적으로 대각선 아래에 한 번만 제시하고 대각선 위는 공란으로 두며, 대각선에 해당하는 1.00 수치는 '—(대시)'로 표기하고 이를 주에 별도로 설명할 필요는 없다(Table 3 참조).

⑤ 상관계수의 유의도 수준이 5% 이하의 수준에서 유의한 것부터 유의도 표시를 해 준다. 유의도 수준을 위첨자 별표(*)로 유의한 상관계수 오른쪽에 표기하고, 표에 제시된 각 유의도 수준에 대한 설명을 확률 주로 표기한다.

Table 3

Mean, Standard Deviation, and Pearson r *Correlation of the Study Variables*

표 제목에 있는 통계치는 이탤릭 표기 안 함

Variable	*M* (*SD*)	1	2	3	4	5	6
1. Psychological well-being	12.54 (2.74)	–					
2. Self-acceptance	10.21 (2.71)	.62**	–				
3. Positive relations	11.15 (2.14)	.67**	.44**	–			
4. Autonomy	9.54 (1.55)	.87**	.78**	.42**	–		
5. Environmental mastery	10.34 (2.53)	.68**	.52**	.32**	.34**	–	
6. Personal growth	9.88 (1.34)	.84**	.74**	.36**	.14**	.23**	–
7. Purpose in life	42.34 (9.56)	.17**	.27**	.16**	.65**	.46**	.26**

Note. *N* = 125.
$^*p < .05$. $^{**}p < .01$.

통계치 이탤릭체. 사례수는 주로 표기

수직선은 사용하지 않음. 수평선은 행 머리글과 내용을 명확히 할 때만

유의도 위첨자 표기. 소수점 둘째 자리까지. 소수점 기준 가운데 정렬

상관계수의 공란은 무엇을 의미하는지 설명할 필요 없음

(3) 분산분석 표

① 간단한 분산분석 결과는 본문에 직접 서술하지만 본문에 기술하기에 복잡한 경우 표로 분산분석의 중요 통계치를 제시한다. 첫 열에는 독립변인(또는 변량원), 그다음 열에는 자유도, 제곱합, 평균 제곱합, *F*값과 통계적 유의도 표시, 효과 크기(η^2), 사후검정 순으로 제시한다. 제곱합과 평균 제곱합은 연구자의 의도에 따라 생략하기도 한다(Table 4 참조).

② *F*값의 통계적 유의도는 위첨자 별표로 표시하고 각 유의 수준은 확률 주에 달아 준다. 분산분석 표의 통계치는 반올림하여 소수점 아래 둘째자리까지만 표기한다.

③ 집단 간과 집단 내 비교가 동시에 있는 경우, 집단 간 비교 결과를 먼저 기

술하고, 그다음 집단 내 비교 결과를 기술한다.

④ 주 효과와 상호작용 효과를 모두 본 경우 하나의 표에 각 변수의 주 효과, 상호작용 효과 순으로 제시한다.

⑤ 세 집단 이상이 포함된 차이 검정 결과가 유의하게 나타난 경우, 이에 대한 사후검정 유형을 밝히고 그 결과를 기호로 덧붙여 설명한다. 즉, 어떤 집단 간에 어떠한 형태로 유의한 차이가 나타난 것인지를 간단하면서 분명하게 표기해 주어야 한다.

⑥ 상호작용 효과를 검정한 결과 유의하게 나온 경우에는 이에 대한 사후검정 결과를 표 다음에 그림으로 제시하여 설명하도록 한다.

⑦ 표의 제목에 어떤 유형의 분산분석을 한 것인지와 어떤 독립변수에 따른 어떤 종속변수의 차이를 검정한 것인지를 간결하면서도 명확히 표현해 주도록 한다.

Table 4

Two-Way Analysis of Variance Summary Table for the Interaction of Self-Esteem and Genderon Attribution to Self

Source	*df*	*SS*	*MS*	*F*	η^2
Self-esteem	1	.01	.01	.01	.00
Gender	1	.73	.73	1.06	.00
SE × G	1	4.57	4.57	6.66*	.01
Error	1336	917.82	.69		
Total	1339	923.13			

Note. SE = self-esteem; G = gender.

$^{*}p < .05$.

(4) 회귀분석 표

① 여러 개의 예측변인들이 종속변인을 어느 정도 예측할 수 있는지 검정한 회귀분석 결과를 서술하고자 할 때 이를 표로 제시한다.

② 중다회귀분석 표의 첫 열에는 예측변인(또는 독립변인)을 제시하고 그다음 열에는 비표준화 계수(B), 비표준화 계수에 대한 표준 오차($SE\ B$), 표준화 계수(β)와 통계적 유의도, 결정계수(R^2), 회귀모형의 유의도를 자유도와 함께 제시한다(Table 5 참조).

③ 위계적 회귀분석의 경우, 각 단계의 표기와 함께 단계별로 입력된 예측변인을 첫 열에 제시하고, 각 예측변인의 회귀 계수를 제시한 다음, 각 단계별 결정계수(R^2)값과 결정계수의 변화량(ΔR^2)과 유의도 순으로 제시한다(Table 6 참조).

④ 회귀분석을 통해 조절효과를 검정하여 상호작용 항이 유의하게 나타났을 경우, 사후검정 결과를 별도의 그림으로 제시하여 어떻게 조절 효과가 나타난 것인지 확인해 주도록 한다.

⑤ 표의 제목에 어떤 유형의 회귀분석을 한 것인지를 밝히고 종속변인을 표 제목에 포함시켜 무슨 변인을 예측하기 위한 어떤 회귀분석 결과인지를 알게 한다.

회귀분석의 종류 밝힘

비표준화와 표준화 회귀계수 모두 제시

회귀모형의 유의도를 자유도와 함께 제시

Table 5

A Multiple Regression Analysis Predicting Theory-of-Mind Understanding

Variable	*B*	*SE B*	β	R^2	$F\ (df_1, df_2)$
Language ability	.30	.19	.14	.09	7.05*(1, 289)
Executive functioning	.92	.90	.09		
Attachment security	.68	.20	.18**		
Mothers' mental state language	.70	.09	.22***		

Note. *N* = 294.

**p* < .05. ***p* < .01. ****p* < .001.

결정계수의 값을 제시

Table 6

Hierarchical Regression Analysis Predicting Children's Compliance

Predictors at each step	*B*	*SE B*	β	R^2	ΔR^2
Step 1					
Temperament	2.60	.30	.73***	.54	
Attachment	.52	.59	.11*		
Regularity	.45	.65	.06		
Step 2					
Physical modeling	4.65	1.75	.35**	.58	.04*
Command	.80	.89	.04		
Compliment	2.78	.35	.78***		

Note. *N* = 156. βs are from final model.

**p* < .05. ***p* < .01. ****p* < .001.

결정계수와 결정계수의 변화량 제시

(5) 경로분석 및 구조방정식 표

① 경로분석과 구조방정식 모형에 대한 검정 결과는 주로 그림으로 제시하는 것이 일반적이나, 여러 모델을 동시에 비교하기 위해 각 모델의 적합도 지수를 제시하거나 경로계수를 비교 가능하도록 제시하여 직접 효과와 간접 효과를 살펴보고자 할 때 이를 표로 요약하여 설명하기도 한다.

② 구조방정식 결과에 대한 기술 방법에는 연구 모형이나 연구자의 의도에 따라 많은 변동이 있다. 그럼에도 불구하고, 추후 메타분석에 쓰이기 위해서 필수적으로 필요한 주요 정보들은 제시해 주는 것이 좋다. 하나의 모델에 대한 적합도 지수는 그림 내에 제시하고, 여러 개의 모델 적합도를 비교할 경우 표로 요약하여 제시해 주는 것이 효과적이다.

③ 모델 비교를 위해 적합도 지수를 제시할 때는 카이제곱(χ^2)값과 유의도, 자유도, 전체적합지수(GFI), 비교적합지수(CFI), 표준적합도지수(NFI), 근사평균오차제곱근(RMSEA), 카이제곱의 차이값(χ^2_{diff})과 유의도 등을 주로 제시한다(Table 7 참조).

④ 모델에서 각 경로의 직접, 간접, 총 효과를 비교하여 살펴보기 위해서 표로 제시할 경우, 경로분석이나 구조방정식에서 입력한 경로를 제시하고 각 회귀계수를 제시한다(Table 8 참조).

Table 7

Model Fit Indexes and Comparisons

Model	*df*	χ^2	GFI	CFI	NFI	TLI	RMSEA	$\Delta\chi^2$
1	10	9.09	.89	.78	.75	1.00	.08	
2	12	35.56***	.90	.92	.91	.98	.05	26.47***
3	13	35.68***	.90	.93	.92	.99	.05	.12

Note. N = 300. GFI = goodness-of-fit index; CFI = comparative fit index; NFI = normed fit index; TLI = Tucker-Lewis Index; RMSEA = root mean square error of approximation.
***$p < .001$.

Table 8

Summary Statistics for Direct, Indirect and Total Effects Predicting Academic Achievement

Path of latent variables		Direct	Indirect	Total
Self-efficacy	→ School engagement	.58***		.58***
Optimism	→ School engagement	.21**		.21**
Hope	→ School engagement	.08		.08
School engagement	→ Academic achievement	.85***		.85***
Self-efficacy	→ Academic achievement	.47**	.20**	.67***
Optimism	→ Academic achievement	.12*	.09*	.21**
Hope	→ Academic achievement	.06	.07	.13

Note. N = 214. The values indicate the standardized beta weights.
*$p < .05$. **$p < .01$. ***$p < .001$.

내용 없을 시 공란

3. 그림의 편집

그림(figure)은 활자로 찍어내는 표와 달리 사진의 형태로 제시되는 표 이외의 모든 도해나 삽화 이미지를 일컫는다. 그림에는 그래프, 차트, 다이어그램, 사진, 소묘, 지도 등 다양한 형태들이 있다. 여기에서는 그래프와 차트를 작성할 때 몇 가지 일반적인 지침을 중심으로 다루고자 한다.

1) 그림의 사용

그림은 본문이나 표보다 제작하고 편집하는 데 시간과 비용이 더 많이 드는 편이므로 논문에 그림을 첨가하여 제시하고자 할 때는 꼭 그림이 필요한지 신중하게 판단한다. 또한 전달하고자 하는 내용이 무엇인지를 생각하여 어떤 형태의 그림으로 제시할 것인지를 결정한다. 그림을 제시함으로써 본문이나 표로 기술하는 것보다 시각적인 측면에서 보다 효과적으로 자료나 전달하고자 하는 정보를 설명할 수 있을 때 사용한다. 그림은 자료의 관계나 비교를 시각적으로 한눈에 볼 수 있도록 단순하고 명료해야 한다. 경우에 따라서는 단순한 것이 복잡한 것보다 더 쉽게 의미를 전달할 수 있다.

효과적인 그림을 만들기 위해서는 다음의 몇 가지 사항에 유의하여 작성하도록 한다. 첫째, 핵심적인 정보를 정확히 전달하고 불필요한 세부적인 부분은 생략하여 단순하면서 명료한 형태로 제시한다. 둘째, 본문에 기술한 내용을 그대로 반복하여 제시하는 것이 아니라 자료 이해에 보충이 되도록 내용을 구성한다. 셋째, 그림을 봄으로써 전달하고자 하는 바가 쉽게 이해될 수 있도록 한다. 넷째, 한 논문에서 제시하는 그림들은 글씨 크기나 모양, 양식에 있어 일관성 있게 제시한다.

2) 그림의 구성

(1) 그림의 편집양식

① 그림에 글자가 들어갈 경우 글자크기는 10포인트 정도로 하되 필요에 의해 축소할 경우, 학술지 출판 과정에서 최종 편집 시 일반적으로 더 축소된다는 점을 고려하여 글자크기를 읽기 쉬운 정도로 작성한다. 한 논문에 여러 개의 그림이 제시될 경우, 글자들의 크기는 동일하게 한다.

② 특별한 경우를 제외하고 대부분의 학술지에서 모든 인쇄는 흑백 인쇄라는 점을 고려하여 그림을 작성한다. 즉, 선이나 막대, 원형 그래프에서 음영이나 색으로 유형을 구분하지 않고 흑백으로 인쇄했을 때 모양으로 구분되도록 작성한다.

(2) 그림의 기준과 크기

① 그림의 크기는 학술지에서 규정하는 폭에 맞추어 작성하도록 한다. 지면상 그림 크기를 줄여야 하는 경우에는 가로와 세로를 같은 비율로 줄인다.

② 비교를 위해 동일한 선상에 놓일 그림일 경우, 옆에 나란히 제시하거나 위아래로 배치하여 하나의 그림으로 취급한다. 동일한 정도의 중요성을 갖는 여러 개의 그림은 크기를 같게 하는 것이 좋다. 또한 이들 그림에서 사용한 척도를 동일하게 하여 일관성을 유지한다.

3) 그림의 번호와 제목

(1) 그림의 번호

① 그림 번호는 표 번호와 별도로 번호를 매긴다. 하나의 논문에서 제시된 그림의 순서대로 아라비아 숫자로 번호를 매겨 그림 하단 왼쪽에 영어 이탤릭체로

'*Figure X.*'로 표시한다.

② 여러 개의 그림이지만 동일한 양식으로 비교할 경우, 비교하여 제시하고자 하는 그림들을 옆이나 아래에 함께 제시하고 하나의 그림 번호를 매기고 이를 포괄하는 제목을 붙이도록 한다.

(2) 그림의 제목

① 그림의 제목은 그림의 내용에 대한 간결한 설명이므로 간결한 구나 문장으로 제시하고 끝에 마침표를 찍지 않는다. 단, 그림의 경우 주를 별도로 달지 않고 그림 제목에 이어 그림에서 사용한 약어나 기호를 설명할 때가 있다. 이런 경우에는 제목 뒤에 마침표를 찍어 제목과 그림 설명을 구분한다.

② 그림의 번호와 제목에서 사용하는 글씨체는 학술지에 따라 다르다. *아동학회지*의 경우, 그림의 제목을 영어로 표기하며 신명조체를 그대로 사용한다. 그림 제목의 첫 글자만 알파벳 대문자로 표기하고 나머지는 모두 소문자로 표기한다. 그림 번호를 마침표로 끊고, 한 칸 띄워 이어서 제목을 표기한다. 그림의 제목이 두 줄 이상으로 이어진다면 나머지 줄도 *Figure* 글자에 맞추어 왼쪽으로 정렬한다.

4) 그림과 본문의 관계

(1) 그림에 대한 설명

① 논문에 제시된 모든 그림은 본문 중에 반드시 1회 이상 언급이 되어야 한다. 본문에서 그림의 내용을 설명할 경우에는 그림의 위치나 쪽수로 표현하지 않도록 하며, 반드시 그림의 번호로 지칭하도록 한다. 예를 들면, 'Figure X를 살펴보면', '…결과를 Figure X에 제시하였다.' 또는 그림의 주요 결과를 기술한 문장의 끝에 '(Figure X 참조).'라고 기술하도록 한다. 해당 그림과 가까운 곳에 설명을

하도록 한다.

② 그림에 대한 설명으로는 다음과 같은 사항들을 중점적으로 기술한다. 그림을 통해 제시하고 있는 것이 무엇인지, 무엇을 중심적으로 살펴보아야 하는 것인지, 통계치의 수치가 의미하는 바가 무엇인지 등에 대해 객관적이며 사실적인 설명을 본문 중에 기술한다.

③ 그림에 수치들이 기술되었을 경우, 모든 수치에 대한 설명을 본문에서 언급할 필요는 없다. 그림은 본문의 내용보다 자료에 대한 확장된 정보를 제공한다. 또한, 그림은 본문의 설명 없이도 해독 가능하도록 그림에서 사용된 약어나 기호 등에 대한 설명이 범례나 캡션 또는 주의 형태로 제시되어 있어야 한다.

(2) 그림의 인용

① 표와 마찬가지로 다른 자료에서 제시되어 판권이 설정된 그림을 그대로 인용하거나 일부를 재구성하여 사용하는 것은 지양되는 사항이다. 그러나 논문의 흐름상 이해를 돕기 위해 반드시 재사용 되어야 할 경우, 우선 해당 그림의 원저자나 저작권자에게 허가를 문서상으로 받아야 하며, 그림 아래의 그림 설명 끝에 정확한 출처를 밝혀야 한다.

② 학술지에 게재하기 위해 작성한 논문에 저작권이 있는 그림의 전부 또는 일부가 인용되었을 경우, 논문투고 시 인용허가서를 함께 제출하도록 한다.

5) 그림의 범례와 캡션

(1) 그림의 범례

① 범례(legend)는 그림에서 사용된 기호나 부호에 대한 설명이며 그림 내에

위치하도록 작성한다. 그림에서 사용한 기호와 범례가 일치하는지 본문과 부합되는지 확인하고 사용한 기호나 부호에 대하여 빠짐없이 표기한다.

② 범례의 주요 단어의 첫 글자는 대문자로 표기하며, 그림의 다른 글씨와 동일한 크기와 글씨체로 쓴다(Figure 1 참조).

(2) 그림의 캡션

① 캡션(caption)은 그림에 대한 간략한 설명을 덧붙여야 할 때 사용하며, '그림 설명'이라고도 한다. 범례에서 설명하지 않았지만, 그림에서 사용된 약어나 측정 단위, 표본 크기, 괄호 안의 수치 또는 신뢰구간 등에 대한 설명을 추가하여 그림 이해 시 본문을 참조하지 않아도 그림이 해독 가능하게 한다.

② 표의 경우, 주를 달아 표의 이해를 돕는 설명을 하지만, 그림의 경우 대부분 주를 별도로 달지 않고 캡션의 형태로 그림의 제목에 이어 설명을 덧붙인다.

③ 다른 자료로부터 인용한 그림일 경우 출처를 캡션으로 제시한다. 그림 내에 유의확률이 있을 경우에도 캡션에 설명한다.

④ 캡션은 짧으면서도 그림을 명료하게 이해할 수 있도록 하는 설명적인 구문으로 작성해야 한다.

6) 그림의 유형

(1) 선 그래프

① 선 그래프는 두 개의 양적 변인 간 관계를 나타내거나 시간 경과에 따른 변화를 보여 주고자 할 때 사용한다(Figure 1, Figure 2 참조).

② 독립변인은 가로축(X축)에, 종속변인은 세로축(Y축)에 두고, 간단한 축 제목을 제시한다. X와 Y축의 단위 눈금이 일치되도록 하여 정확한 선 기울기를 표시하도록 한다.

③ 만일 좌표의 원점이 0이 아닐 경우, 두 개의 사선을 사용해서 축을 끊어 나타낸다.

④ 선의 모양을 다르게 하여 서로 다른 집단을 구분하며 각 선에 대한 설명을 범례로 표기한다. 일반적으로 범례의 위치는 그래프의 모양이나 개수 및 외형 등에 따라 시각적으로 보기 쉬운 곳에 둔다.

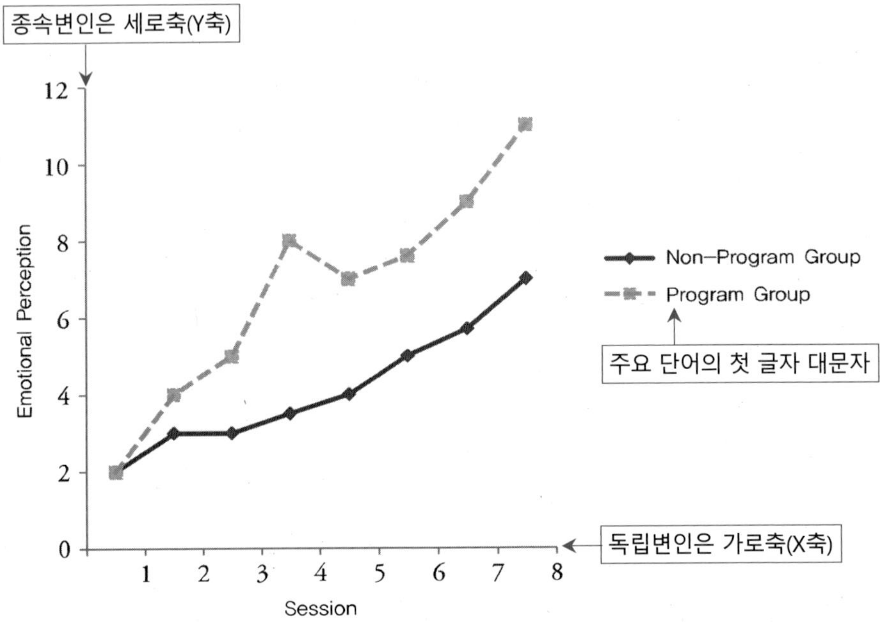

Figure 1. Changes of children's emotional perception as an effect of the program.

Figure 아라비아 숫자(이탤릭체) + 제목, 그림의 하단 왼쪽 맞춤

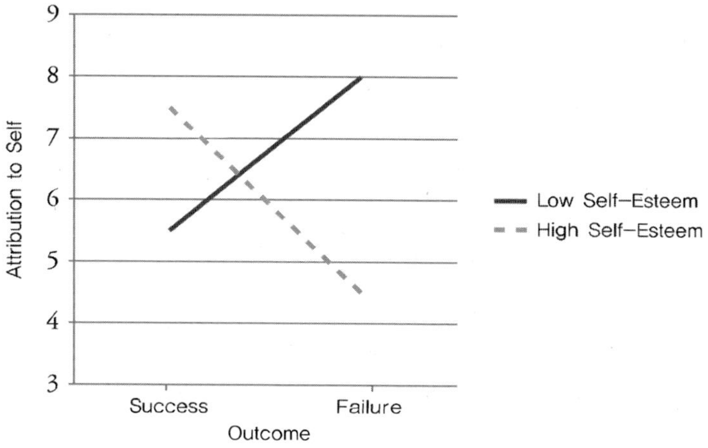

Figure 2. Attribution to self as a function of self-esteem and the outcome.

(2) 막대그래프

① 막대그래프는 주로 독립변인이 명목변수일 경우 각 범주에 대한 빈도나 점수 등을 막대 길이로 나타내고자 할 때 사용된다.

② 주로 X축에 명목변수인 독립변인을 제시하고, Y축에 연속변수인 종속변인을 측정 단위와 함께 표기한다.

③ 막대그래프는 다양한 방식으로 표현할 수 있다. 수평 또는 수직으로 그려진 막대들은 각 한 종류의 자료를 나타낸다. 한 막대에 여러 개의 범주에 대한 빈도나 백분율을 제시하기도 한다.

④ 채우기 방법이나 모양을 달리하여 막대 또는 막대 내 범주를 구별하고, 사용한 부호에 대한 설명은 그래프 범위 안에 범례로 표기해 준다(Figure 3 참조).

⑤ 그림의 제목에 이어 캡션으로 표본 수나 오차 범위 등에 대한 설명을 한다.

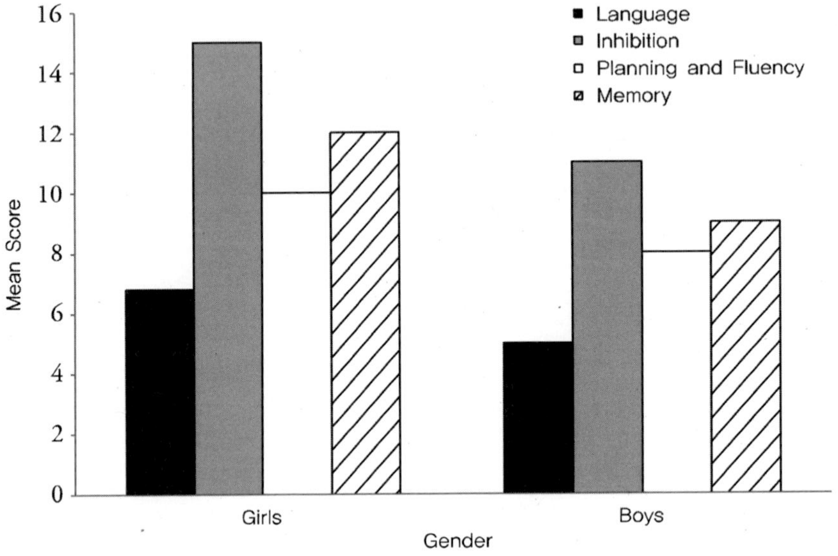

Figure 3. Mean test score of language, inhibition, planning and fluency, and memory by gender.

(3) 차트

① 차트는 보통 상자와 선으로 구성되며 일련의 과정이나 흐름, 대상 간의 연관성을 나타내 줄 때 사용한다.

② 차트는 집단 간의 위계적 관계를 나타내거나 연구 설계에서 자료 분석 과정이나 연구참여자의 흐름 등을 단계적으로 보여 줄 때 유용하다. 또한, 경로 모형이나 구조방정식 등 이론적 모형을 설명할 때 사용한다.

③ 연구주제와 직접적인 관련이 있으며 자료나 결과를 이해하는 데 꼭 필요한 경우에 핵심적인 정보만을 표기하도록 한다.

④ 차트의 경우, 범례보다는 주로 캡션의 형태로 그림 이해에 필요한 설명을 그림의 제목 옆에 간단하게 덧붙인다(Figure 4 참조).

⑤ 지면상 내용이 유사한 차트를 하나의 논문에 중복하여 제시하는 것을 지양하도록 하며, 기호나 괄호 등을 사용하여 하나의 차트에 결합하여 나타내도록 한다. 예를 들면, 동일한 구조방정식 모형을 집단 A와 집단 B에 대해 검정할 경우, 집단 A의 회귀계수는 괄호 밖에, 집단 B의 회귀계수는 괄호 안에 표기하고 이를 캡션에 간단히 설명한다.

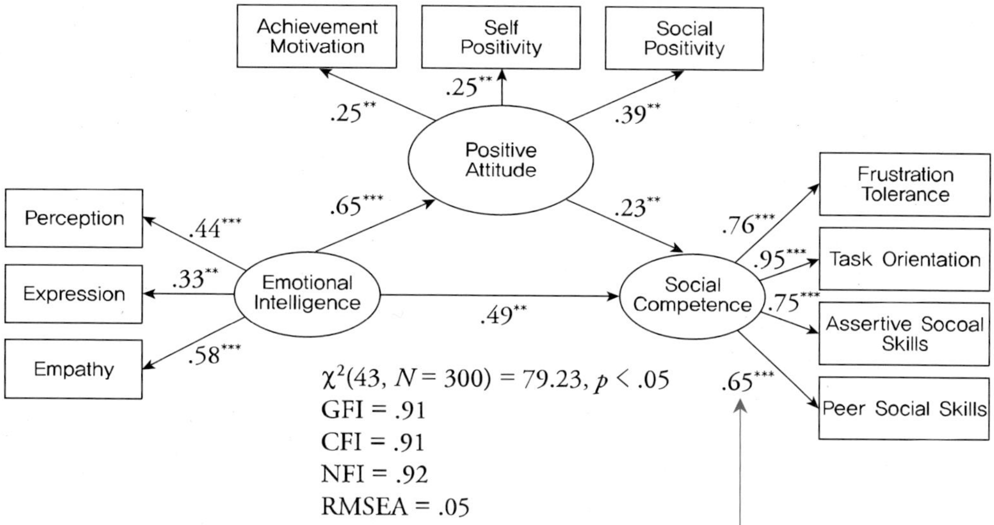

Figure 4. Model for mediated effect of positive attitude: Emotional intelligence on social competence. Latent constructs are shown in ellipses, and observed variables are shown in rectangles. The values on the arrows indicate the standardized beta weights.

$^{**}p < .01.$ $^{***}p < .001.$

두 줄 이상은 첫 글자 정렬

확률 주는 마지막 줄

제목, 설명 순. 첫 단어만 대문자

유의한 경로 표시

III
참고문헌 인용

III. 참고문헌 인용

본문에 다른 사람이 저술한 논문이나 책을 인용하려면 반드시 정해진 양식에 맞추어 출처를 밝히고 이를 참고문헌 목록에 제시해야 한다. 즉, 본문과 참고문헌에 나타난 문헌들이 일치해야 한다. 또한 문헌을 인용할 때는 내용의 중요도, 신뢰도, 최신성을 기준으로 선별하는 것이 필요하다.

1. 참고문헌 인용의 원리

1) 인용양식

일반적으로 본문 인용은 참고문헌 목록보다 간결하게 표기한다. 문장을 읽는데 크게 방해가 되지 않도록 간략한 정보만 제시한다. 해당 문헌에 대한 더 상세한 정보는 독자가 그 문헌을 찾을 수 있도록 참고문헌 목록에 제시한다.

학문 분야마다 다른 인용양식을 사용하는 경우가 많다. 아동학, 심리학, 교육학, 사회학 분야의 학술지들은 미국심리학회가 규정한 APA (American Psychological

Association) 양식을 주로 따른다. Harvard, Vancouver, AMA (American Medical Association) 양식은 의학과 생리학 분야에서 많이 사용되며, Chicago와 MLA (Modern Language Association) 양식은 인문학 분야에서 자주 사용한다. 이 양식들은 본문 인용 방식에 따라 다음의 세 가지로 구분될 수 있다.

인용문 끝에 저자와 출판연도를 제시하는 양식: APA, Harvard
인용문이 제시된 순서대로 번호를 붙이는 양식: AMA, Vancouver
인용문의 출처를 각주와 내주로 제시하는 양식: Chicago, MLA

이 양식들의 참고문헌 작성 방식 또한 다르다. APA와 같이 본문에 저자와 출판연도를 제시하는 양식은 참고문헌을 저자명의 가나다 혹은 알파벳순으로 제시한다. 번호를 사용하는 Vancouver 양식 등은 참고문헌도 번호순으로 배열하고 AMA 양식은 학술지명에 약어를 사용하는 것이 일반적이다. 또한 Chicago 양식에서는 각주에 참고문헌을 제시하고 뒤에 목록을 따로 만들지 않는다. 각 양식의 참고문헌 표기의 예는 다음과 같다.

(APA) Hong, G, D. (2015). Peers' influence on children's aggression. *Korean Journal of Child Studies, 34*(4), 213–221.

(AMA) Hong GD. Peers' influence on children's aggression. *Korean J Child Stud.* 2015;34(4):213–221.

(Chicago) Gil Dong Hong, "Peers' Influence on Children's Aggression," *Korean Journal of Child Studies* 34, no. 4 (2015): 213–221.

(Harvard) Hong, GD 2015, 'Peers' influence on children's aggression', *Korean Journal of Child Studies*, vol. 34, no. 4, pp. 213–221.

(MLA) Hong, Gil Dong. "Peers' Influence on Children's Aggression." *Korean Journal of Child Studies* 34.4 (2015): 213−221. Print.
(Vancouver) Hong GD. Peers' influence on children's aggression. Korean J Child Stud. 2015;34(4):213−221.

각 인용양식마다 장단점이 있다. 본문에서 인용문에 번호를 붙이는 양식들은 가독성은 좋으나 출처를 바로 파악하기 어려운 반면, 아동학 분야에서 많이 쓰이는 APA 양식은 저자와 출판연도를 한 번에 파악할 수 있는 장점이 있다. 각주 양식은 본문에서도 출처 정보를 가장 상세히 알 수 있지만 가독성은 다소 떨어지는 측면이 있다.

참고문헌 작성 양식을 모두 숙지하는 것은 쉽지 않은 일이다. 최근에는 이를 쉽게 할 수 있는 Endnote, RefWorks, Mendeley, Zotero 등의 소프트웨어가 소개되고 있다. Google Scholar에서는 참고문헌을 찾을 때 인용양식대로 자동 표기가 가능하나 오류가 많은 편이므로, 소프트웨어만 전적으로 신뢰해서는 안 된다. 소프트웨어를 사용하되 저자 자신이 정확한 방법을 숙지하고 직접 검토하는 것이 필요하다.

2) 직접 인용과 간접 인용

직접 인용은 저자가 언급한 말이나 기술한 문장을 본문에 그대로 똑같이 사용하는 경우에 해당한다. 하지만 학술논문의 작성에서 직접 인용을 너무 많이 사용하는 경우에는 다양한 인용문의 출처를 제대로 밝히지 못하거나 실수로 누락하여 표절로 오인되기 쉽다. 또한 논문의 대부분이 다른 저자들의 글이나 아이디어로 채워진다면 연구의 참신성과 의의가 저하될 수 있다. 따라서 직접 인용을 하려면 꼭 인용문을 그대로 사용해야만 하는지 심사숙고해야 한다.

간접 인용은 저자가 참고문헌을 이해하고 분석한 뒤 인용문을 새로운 문장으로 기술하는 방식이다. 간접 인용은 인용문을 그대로 사용하지 않고 재구성한다. 하지만 해외 여러 학술기관들은 인용문의 동사나 단어 몇 개만 유사어로 바꾸는 것, 접두사나 접미사만 삽입/삭제하는 것, 문구의 앞뒤 순서만 바꾸는 것 등을 표절로 간주하고 있다. 즉, 인용한 부분이 본인의 생각이 아니라는 것을 명확히 하고 출처를 밝히는 것이 중요하다. 직접 인용과 간접 인용 모두 인용문 뒤에 저자명과 연도를 제시하며, 직접 인용은 인용문의 수록면까지 표기해야 한다.

3) 인용지표

어떤 참고문헌이 인용된 빈도는 그 문헌의 저자와 학술지의 영향력을 제시하는 지표가 된다. 해외 저명 학술지들은 그 학술지에 실린 논문을 다른 학술지의 저자들이 얼마나 인용하였는지에 따라 몇 달 혹은 몇 년을 기준으로 Impact Factor (IF)를 보고한다. IF가 높다는 것이 반드시 그 학술지의 질을 대변하는 것은 아니지만 각종 평가지표에서 중요하게 고려되고 있음은 분명하다.

특히 국제 저명 학술지 데이터베이스에서 IF는 학술지 순위를 결정하는 지표 중 하나다. IF를 추정하는 방식은 논문의 수와 저자 수, 그 논문을 구독하는 회원 수와 비례하기 때문에 회원 수가 많은 대형 학회의 오래된 학술지가 유리한 면이 있다.

2. 본문 인용

앞서 언급된 대로 이 책은 APA 매뉴얼 6판을 참고하였다. APA 양식은 본문에 저자명과 출판연도를 다음과 같이 표기한다. 인용문의 맨 앞이나 중간에 출처를 제시할 때는 출판연도만 소괄호 안에 표기하고 인용문 끝에서는 소괄호 안에 저자명과 출판연도를 모두 표기한다. 영어 저자명 뒤 소괄호는 한 칸 띄어쓰기를 한다.

인용문 맨 앞과 중간: (한글) 저자명(출판연도)
(영어) 저자명 (출판연도)
인용문 끝: (저자명, 출판연도)

영어 저자명 다음에 한 칸 띄어쓰기

저자명을 영어, 독어, 불어로 표기하는 경우에는 성만 제시하고, 한글, 일어, 중국어 표기에서는 성과 이름을 모두 제시한다. *아동학회지*는 모든 참고문헌을 영어로 제시하므로 다른 언어로 쓰인 저자명을 소리 나는 대로 로마자 표기한다.

1) 저자 수에 따른 인용

저자의 표기 순서는 본문에 나와 있는 대로 왼쪽에서 오른쪽, 위에서 아래의 순으로 표기하는 것이 일반적이다. 저자가 여러 명인 경우, 논문에 대해 가장 큰 책임을 맡고 있으며, 연구 아이디어, 실험 설계 및 분석, 글쓰기 등 모든 영역에서 가장 크게 기여한 사람을 주저자로 한다. 주저자를 제1저자로 하여 가장 먼저 표기하는 것이 일반적이지만 반드시 그렇지는 않으며, 학술지에 따라 저자를 가나다(혹은 알파벳) 순으로 표기하거나 기여도가 동일함을 명시하는 경우도 있다. 저자의 자격 및 권리에 대한 더 상세한 내용은 다음 장에서 다룬다.

(1) 저자가 한 명인 경우

본문에서 인용할 때마다 저자명과 연도를 함께 제시하며 한글은 저자명을 모두 써주고 영어는 저자의 성만 표기한다. 예시는 다음과 같다.

〈한글〉
홍길동(2014)이 제시한 바에 따르면, 아동은

정서조절에 대한 홍길동(2016)의 연구에서

한글은 저자명 뒤에 띄어쓰지 않음

또래 관계에 영향을 받는다(홍길동, 2016).

〈영어〉

Jason (2014)이 제시한 바에 따르면, 아동은

부모에 대한 Jason (2016)의 최근 연구에서

정서에 영향을 받는다(Jason, 2016).

영어명 괄호 앞에 띄어쓰기

그러나 한 단락이나 문단 안에서 한 번 인용한 문헌을 계속 언급하게 될 때는 다음과 같이 저자명만 제시하고 출판연도를 다시 표기하지 않는다. 이러한 원리는 모든 문헌의 본문 인용에 동일하게 적용된다.

아동의 정서조절에 대한 연구에서 Page (2007)는 연령에 따라 차이가 있다는 사실을 밝혔다. 또한 Page는 또래 관계에 영향을 받는다고 제시했다.

(2) 저자가 두 명인 경우

저자가 두 명일 때는 인용할 때마다 저자명을 모두 표기한다. 인용문 앞이나 중간에 표기할 때는 한글과 영어 저자명 사이에 '와/과'를 넣어 주고 소괄호 안에서는 한글은 쉼표, 영어는 '&'로 연결한다.

〈한글〉

김철수와 이수정(2016)은

라고 하였다(박유리, 김영숙, 2016).

2인 한글 저자명 괄호 안에 쉼표로 연결

〈영어〉
Kim과 Lee (2016)는

라고 하였다(Johnson & Piaget, 2016).

2인 저자일 경우 영어 저자 성을 쉼표 없이 '&'로 연결

(3) 저자가 3명 이상 5명 이하인 경우

저자 수가 3~5명인 경우, 맨 처음 인용에서는 모든 저자명을 다 표기한다. 한글 저자명을 문장 앞이나 중간에 인용하는 경우에는 쉼표와 '와/과'로 연결하고, 소괄호 안에서는 쉼표만 사용한다. 두 번째 인용부터는 제1저자명만 제시하고 '등/외'를 적어 준다. 영어 저자명은 소괄호 안에서 쉼표와 '&'로 연결한다. 두 번째 인용부터 문장 안에서는 제1저자의 성 뒤에 '등/외'를, 소괄호 안에서는 'et al.'을 붙인다.

〈한글〉
(맨 처음 인용)
홍길동, 김민수, 이영미와 박유리(2016)는

라고 하였다(홍길동, 김민수, 이영미, 박유리, 2016).

소괄호 안 한글 저자명 쉼표로 구분

(두 번째 인용부터)
홍길동 등(2016)은

라고 하였다(홍길동 등, 2016).

〈영어〉

(맨 처음 인용)

Hong, Kim, Lee와 Park (2016)은

라고 하였다(Piaget, Bandura, Erikson, & Kelly, 2016).

맨 마지막 영어 저자명 앞에 쉼표와 '&'를 표기

(두 번째 인용부터)

Hong 등(2016)은

라고 하였다(Piaget et al., 2016).

et al. 앞에는 쉼표 표기 안 함

(4) 저자가 6명 이상인 경우

한글 저자명은 맨 처음 인용할 때부터 첫 번째 저자명 뒤에 '등/외'를 붙여 표기한다. 영어 저자명을 문장 안에서 처음 인용할 경우 저자 성 뒤에 '등/외'를 적고, 소괄호 안에서는 'et al.'을 붙인다.

〈한글〉

맨 처음 인용부터 '등/외' 사용

김철이 등(2016)은

라고 하였다(김철이 등, 2016).

〈영어〉

Johnson 등(2016)은

라고 하였다(Johnson et al., 2016).

영어는 소괄호 안에서 제1저자 뒤에 et al. 사용

2) 저자가 기관이나 단체인 저작물의 인용

참고문헌의 저자가 개인이 아닌 기관이나 단체일 수 있으며 특정 연구 집단이 저자가 되는 경우도 있다. 기관이나 단체에서 출판하는 문헌을 인용하는 경우에는 저자가 명시된 경우와 그렇지 않은 경우를 구분한다. 저자가 명시된 경우에는 앞에 설명한 저자 수에 따른 인용과 동일한 방식으로 표기한다. 기관이나 단체가 저자인 경우 한글 기관명은 약어를 쓰지 않고 인용할 때마다 기관명 전체를 제시한다. 영어 기관명의 경우 맨 처음 인용에서는 전체 기관명을 표기하고, 두 번째 인용부터는 기관명의 이니셜로 구성된 약어를 사용한다.

소괄호에 약어와 출판연도를 함께 제시할 때는 괄호 두 개가 이어지는 형태로 간주하여 세미콜론으로 연결한다. 그러나 소괄호 안에 기관명, 약어, 출판연도를 모두 제시하는 경우에는 다음의 예시와 같이 대괄호 안에 약어를 표기한다. *아동학회지*처럼 참고문헌의 영어 표기를 하는 경우에는 국내 기관의 홈페이지에서 찾거나 직접 문의하여 기관의 공식 영어명을 정확히 표기해야 한다.

〈한글〉

한국아동학회(2016)는 빈곤 가정의 비율이 ← 한글 기관명은 약어 사용 안 함

것으로 추정된다(한국아동학회, 2016).

〈영어〉

(맨 처음 인용)

Korea Ministry of Health and Welfare (KMHW; 2016)는 ← 소괄호에 약어와 출판연도를 함께 표기하는 것은 괄호 두 개가 이어지는 형태이므로 세미콜론으로 연결함

보고했다(National Ministry of Health [NMH], 2016). ← 소괄호 안에서 약어를 표기할 경우 기관명 뒤 대괄호 안에 표기함

(두 번째 이후)
KMHW (2016)에 따르면,

한다고 하였다(NMH, 2016).

3) 다중저작물의 동시 인용

같은 저자(들)의 여러 저작물을 동시에 인용하거나 여러 저자의 저작물들을 함께 인용하는 경우에는 다음과 같은 방식으로 표기한다. 같은 주제를 다룬 여러 개의 선행 연구를 인용할 때는 본문에 '연구들'이나 '연구자들'을 적은 뒤 소괄호 안에 저자명과 출판연도를 가나다 혹은 알파벳순으로 제시한다.

(1) 동일저자(들)와 동일 출판연도

같은 저자(들)가 같은 해에 출판한 두 편 이상의 문헌을 함께 인용하는 경우에는 출판연도 뒤에 a, b와 같이 알파벳을 붙여 구분한다. 출판연도가 동일하기 때문에 알파벳을 붙이는 순서는 제목의 가나다 혹은 알파벳순으로 정한다. 또한 문헌들을 나열할 때는 쉼표를 사용한다.

〈한글〉
선행 연구들(이영미, 홍길동, 2016a, 2016b, 2016c)에서는 ← 문헌을 나열할 때 쉼표 사용

홍길동(2015a, 2015b)의 최근 연구들은

라고 하였다(홍길동, 김철이, 박유리, 2014a, 2014b)

〈영어〉

최근 연구들(Ahn, 2016a, 2016b)에 의하면

최근 연구들(Davidson et al., 2016a, 2016b)은

Piaget와 Bandura (2016a, 2016b, 2016c)는

(2) 동일저자(들)와 다른 출판연도

같은 저자(들)가 다른 해에 출판한 문헌들을 본문에 인용하는 경우에는 빠른 출판연도순으로 제시한다.

선행 연구들(Bandura & Piaget, 2013, 2015)은 ← 빠른 출판연도 먼저 제시

Piaget (2015, 2016)의 연구에서는

라고 하였다(Piaget & Bandura, 2011, 2015a, 2015b).

(3) 다른 저자(들)와 다른 출판연도

제1저자명의 가나다 혹은 알파벳순으로 나열하고 한 저자의 저작물을 세미콜론으로 구분한다. 한글과 영어 저자명이 함께 제시될 때는 한글 저자명부터 먼저 표기하고 영어를 나중에 표기한다. 특히, 한 저자가 다수의 공동 저자들과 작업한 문헌임을 강조하는 경우에는 '○○○와 연구자들'이라고 표기한다.

에 대한 최근 연구들(김철이, 홍길동, 2015; 이영숙, 2016)에서는 ← 제1저자명의 가나다 혹은 알파벳순으로 제시하고 한글을 먼저 제시

> 연구자들(박유리, 2016; Bandura & Erikson, 2016a, 2016b)은
>
> 선행 연구들(Bandura, 2014; Freud, Erikson, & Bandura, 2011)은
>
> Parker와 연구자들(Parker & Mason, 2013; Parker, Thompson, & Berry, 2010; White & Parker, 2015)은 ← Parker가 몇 년 동안 Mason, Berry, White 등과 함께 연구한 문헌들

(4) 유사한 이름을 가진 저자명 구분

유사하거나 동일한 저자명을 표기하는 데는 특별한 주의가 필요하다. 최근에는 이를 쉽게 구분하기 위해 저자들에게 부여되는 Open Researcher and Contributor ID (ORCID)를 저자 정보에 제시하는 학술지도 있지만, 본문에서 유사한 저자를 바로 구분하기는 여전히 쉽지 않다.

특히, 한글 저자명을 영어로 표기하는 경우에는 이런 문제가 자주 발생한다. 예를 들어, '박영숙(2016)'과 '박영주(2016)'의 영어 표기는 'Park (2016)'과 'Park (2016)'으로 동일하다. 이러한 경우에는 아래의 예시와 같이 식별이 가능하도록 이름의 둘째 혹은 셋째 이니셜까지 표기한다. 모든 이니셜이 동일한 경우에는 이름의 철자를 그대로 적어주고 참고문헌에도 이를 구분하여 표기한다. 저자가 여러 명인 경우에는 제1저자만 구분해 준다.

> Y. S. Park (2016)은
> Y. J. Park (2016)은
>
> Y. K. Park, Kang과 Park (2015)은
> Y. W. Park, Kang과 Park (2015)은 ← 모든 저자의 성이 동일하게 표기되는 경우에도 제1저자만 구별되도록 이니셜을 표기
>
> J. Park (2014)은
> Y. Park, Kang과 Park (2016)은 ← 제1저자의 성이 같으면 연도가 달라도 나머지 이니셜을 모두 표기
>
> 라고 하였다(Joon S. Park, 2016).
> 라고 하였다(Jung S. Park, 2013). ← 모든 이니셜이 같은 경우 구별되도록 철자를 표기함

4) 저서와 번역서의 인용

저자가 직접 저술한 학술서는 위에서 설명한 대로 저자의 수와 특성에 따른 인용 방식대로 표기한다. 그러나 저서가 아닌 번역서를 읽고 이를 인용하는 경우에는 원저의 저자명과 출판연도를 제시한 뒤 빗금(/) 뒤에 번역서의 출판연도를 표기한다. 이때 번역자명은 표기하지 않는다. 그러나 출판연도를 알기 어려운 고서의 경우에는, 원저자명 뒤에 'trans.'나 '(공)역'을 붙이고 번역서의 출판연도만 제시한다. 특히, 종교경전은 출판연도 없이 판, 본, 절, 장, 구 등을 제시하고 참고문헌 목록에는 포함시키지 않는다.

로 생각된다(Plato, trans. 2016).	← 출판연도를 알기 어려운 고서는 번역서 출판연도만 제시
라고 하였다(Tyler, Heinz, & Pearson, 1980/2015).	
Watson (1995/2014)은	← 원저 출판연도/번역서 출판연도

5) 재인용

재인용은 원 저서를 직접 읽지 않고 다른 문헌에서 인용한 것을 다시 인용하는 것을 말한다. 재인용은 구하기 힘든 고서의 인용에 사용될 수 있다. 그러나 재인용이 많을수록 원저의 내용을 직접 확인하기 어려운 단점이 있으며, 선행 연구의 탐색이 충분히 이루어졌는지 의문이 생길 수 있으므로 재인용의 사용을 자제하는 것이 좋다.

한글로 재인용을 표기하는 경우에는 본문에 원저 저자명, 인용한 문헌의 저자명, 출판연도를 표기하고 '재인용'이라고 명시해 준다. 그러나 참고문헌 목록에는 인용한 문헌만 제시한다. 소괄호 안에 영어 저자명을 제시할 때는 원저자명과 출판연도 뒤에 쉼표를 찍고 'as cited'를 표기한 뒤 인용 문헌의 저자명을 표기한다. 그러나 한글 표기에서는 쉼표를 사용하는 경우 원저자의 구분이 어려울 수 있으므로 원저자명 뒤에 쉼표 대신 콜론을 사용한다.

〈한글〉

김철이의 연구에서(이영숙에서 재인용, 2014)

Adams의 저서에서(김유리, 박영주, 김철이에서 재인용, 2016)

라고 하였다(Adams: Michael에서 재인용, 2015).

하였다(홍길동, 한동국: 김유리, 박영주, 김철이에서 재인용, 2016). ← 한글 표기는 원저자명 뒤에 콜론을 넣어 구분

〈영어〉

Sanders의 저서에서(as cited in Harry, Matte, & Jay, 2016)

로 나타났다(Adams, 1997, as cited in Michael, 2015). ← 원저 저자명, 원저 출판연도, 인용문헌 저자명, 인용문헌 출판연도 순으로 표기

6) 출판 전인 문헌의 인용

심사가 끝나고 게재가 확정된 논문을 인용하는 경우가 간혹 발생한다. 최근에는 많은 학술지들이 인쇄본을 출판하기 전에 온라인으로 먼저 논문을 출판한다. 온라인 판은 수록면과 출판연도가 불분명하다. 따라서 출판연도 대신 저자명 뒤에 '인쇄 중' 혹은 'in press'를 표기한다. 게재 여부를 알 수 없는 투고 논문은 아직 검증이 이루어지지 않았으므로 인용하지 않는 것이 좋다.

하였다(최미순, 인쇄 중).

라고 보았다(Cho & Hong, in press).

Robert (in press)는

7) 측정 도구의 인용

연구도구의 출처를 밝히는 경우에는 도구명의 약어와 저자명, 출판연도의 순으로 제시한다. 도구명의 표기는 앞서 설명한 기관이나 단체 저자명의 경우와 유사하다. 소괄호에 도구명의 약어와 출판연도를 제시할 때는 두 개의 괄호가 이어진 것으로 간주하여 세미콜론으로 연결한다. 소괄호 안에서 전체 도구명 다음에 약어를 제시할 때는 대괄호를 사용한다. 본문에서는 원 도구명과 번역 도구명을 모두 제시하지만 참고문헌 목록에는 실제로 사용한 한글 번역본의 출처만 제시한다.

Child Behavior Inventory (CBI; Pearson, 2000)를 홍길동 (2015)이 번역한 ← CBI의 번역본을 사용한 경우 홍길동(2015)만 참고문헌에 제시

한국판 정서척도(Korean Emotion Checklist [K-EC], 김철이, 이영미, 2016) ← 소괄호 안에 도구명을 제시하는 경우 약어는 대괄호 안에 표기

Korean Emotion Checklist (K-EC; Kim & Lee, 2016)를 사용하였다.

8) 신문, 잡지, 미디어, 인터넷 자료의 인용

미디어물의 경우에는 검증을 거치는 경우가 드물기 때문에 신뢰성이 적어 학술논문에 인용하지 않는 것이 좋다. 어떤 학술지의 경우에는 투고 단계에서 인터넷이나 미디어물의 인용을 금하는 경우도 있다. 부득이한 경우가 아니라면 미디어물 대신 신뢰성과 타당성이 검증된 학술 문헌을 인용하는 것이 좋다.

다양한 출처의 미디어물을 본문에 인용할 때는 신문의 경우 저자와 출판연도 외에 수록면까지 표기하고 CD의 경우 수록된 곡명을 쌍따옴표로 표시하고 트랙 번호까지 표기한다. 그 외 라디오, TV방송, 팟캐스트 등은 내레이터의 이름과 방송연도만을 표기하며, 내레이터가 없을 때는 연출자명을 표기한다. 블로그나 유튜브에서 찾을 수 있는 인터넷 자료는 저자가 있는 경우 저자명과 다운로드 받은 연도를 표기한다. 저자명이 없는 경우에도 스크린파일명과 다운로드 받은 연도를 표기한다. 별칭으로 운영되는 블로그는 원저자명 대신 별칭을 표기한다. 인터넷 자료의 다운로드 시 환율정보와 같이 날짜와 시간이 변하는 경우가 아니면 본문에 일시를 자세히 표기하지 않는다.

(신문) Spencer (2013, pp. A1, A4)에 의하면
라고 하였다(Spencer, 2013, pp. A1, A4).

← 신문기사와 CD는 해당 기사와 음악이 있는 면까지 표기

(CD) "Rain and Coffee" (James, 2016, track 2)를

← CD에 수록된 곡명은 쌍따옴표로 표시

(라디오) Mason (2015)은 최근의 동향에 대해

← 내레이터 명과 방송연도 제시. 나레이터가 없으면 연출자명 제시

(팟캐스트) 방영되고 있다(한아동, 2016).

(블로그, 인터넷기사) 라고 하였다(DaPaulo, 2010).

(블로그 별칭) 인 것으로 나타났다(Little prince, 2014).

(인터넷 스크린명) 로 밝혀졌다(Mystery of birth, 2015).

9) 컴퓨터 소프트웨어와 데이터셋의 인용

컴퓨터 프로그램이나 소프트웨어를 사용한 경우 '프로그램명, 버전, 개발사명, 회사 소재지'를 본문에 제시한다. SPSS나 SAS와 같이 연구자들에게 잘 알려진 프로그램은 본문에 표기하되 참고문헌 목록에는 제시하지 않는다. 특별한 프로그램만 참고문헌 목록에 포함시킨다. 데이터셋의 경우 본문에 저작권을 가진 기관명과 출판연도를 표기한다.

SPSS 20.0 (IBM CO., Armonk, NY)을 사용하였다.

회사 소재지는 도시와 주(혹은 국가)를 표기

AMOS 23.0 (SPSS Inc., Chicago, IL)을 사용하였다.

Mplus 6.11 (Muthén & Muthén, Los Angeles, CA)을 사용하였다.

아동패널 4차 년도 데이터(National Youth Center, 2014)를 사용하였다.

10) 저자와 출판연도가 불분명한 문헌

저자에 대한 정보, 출판연도, 출처가 분명하지 않는 자료는 그 신뢰성에 의문이 있으므로 사회과학 분야의 학술 논문을 작성하는 데 되도록 인용하지 말아야 한다. 특히, 출처가 불분명한 웹 자료의 인용은 공개 여부 역시 불확실하기 때문에 연구윤리와 표절 논란이 일어날 수 있다. 그러나 저자와 연도를 알기 어려운 고서를 인용하는 경우에는 저자명 대신 제목에서 처음 몇 개의 단어를 이탤릭체로 제시하고 출판연도를 표기한다. 출판연도 역시 미상이면 '연도미상' 혹은

'n.d. (no date)'을 적어준다. 하지만 희귀한 고서를 원본 그대로 접하는 경우는 드물며 대부분 주해 번역본에서 인용하는 경우가 많다. 이러한 경우에는 번역서의 인용 방식을 따른다. 한편, 종교 경전이나 고대 그리스 로마시대 문헌들은 본문에서만 아래 예시와 같이 인용하고 참고문헌 목록에는 포함시키지 않는다.

알려져 있다(요한복음 3:16 개역개정판).	← 책이름 장:절 판본
하는 모습이다(*Sir Gawayne and the Grene Knight*, n.d.).	← 저자와 연도 모두 미상이면 제목의 단어 몇 개 제시

11) 법령

법령, 판례, 입법 문서 등의 법률 문헌에 저자가 명시된 경우에는 저자 수에 따른 인용 방식을 취한다. 그러나 법령은 저자가 명시되지 않은 경우가 많으며 나라마다 법률 체계에 차이가 있으므로, 우리나라 법령을 APA 양식에 맞추어 인용하기는 쉽지 않다. 대법원 사법정책연구원(2015)에서 발간된 *법률문헌 등의 인용 방법에 대한 연구*에 따르면, 국내의 현행 법령은 연도를 따로 표기하지 않고 개정, 폐지, 부칙을 구별할 때에만 날짜를 표기한다. 하지만 APA에서는 본문에 법령의 개정 연도를 제시하도록 되어 있다. 이를 절충하면, 신구법을 가리지 않고 정확한 명칭과 제정/개정일자, 법제번호를 표기하고, 더 상세하고 구체적인 언급을 할 경우에는 조, 항, 호, 목 등을 표기하고 따옴표 안에 법조문을 제시하는 것이 무난한 것으로 생각된다. 또한 대법원에서 제시한 표준안에 따라 표기하는 것도 가능하다. 본문에서 상세히 제시된 국내의 법령 정보는 참고문헌 목록에 따로 포함시키지 않아도 된다. 해외법은 APA 양식에 따라 표기하며 일부는 참고문헌에 제시한다.

영유아보육법(2016. 2. 3. 법률 제14001호) 제1조 제2항에
영유아보육법 제1조에 제2항에

연구윤리를 확보를 위한 지침(2015. 12. 3. 교육부훈령 제153호)
에서

해야 한다(Convention on the Rights of the Child, 1990). ← 아동권리협약

12) 특정 부분의 직접 인용

자료의 특정 부분(구절, 문장)을 그대로 직접 인용하는 경우에는 큰따옴표를 사용하고 저자명과 출판연도 외에 수록면도 제시한다. 수록면이 한 쪽인 경우에는 'p.'로, 두 쪽 이상인 경우에는 'pp.'로 표기한다. 인용한 문장 뒤에는 바로 마침표나 구두점을 찍지 않고 저자명, 출판연도, 수록면까지 표기하고 난 뒤 마침표를 찍는다. 그러나 40단어 이상의 긴 인용문은 따옴표를 사용하지 않고 독립적인 블록으로 제시하되 본문의 문단보다 한 탭 정도 더 들여쓰기를 하여 인용문임을 표시한다. 페이지 번호가 없는 HTML이나 XML 형식의 문서에서 직접 인용을 할때는 인용문이 있는 부분의 소제목과 문단번호(예: 문단3, para. 3)를 제시한다.

김철이와 이영숙(2015)은 "부모와의 상호작용이 아동의 인성 발달에 그 무엇보다 중요하다"(p. 250)고 하였다.

"가족응집성이란 .... 것이다"(Hong, Lee, & Park, 2016, pp. 56−57).

이 연구에서, White (2015)는 "아동의 기질이 사회성 발달을 저해하는 요인이 되기도 한다"(Conclusion, para. 3)고 언급하였다. ← 결론부분의 세 번째 문단

3. 참고문헌 목록 작성

1) 참고문헌 작성 원리

아동학 분야의 많은 학술지들이 APA 양식을 따른다. *아동학회지*는 모든 참고문헌을 영어로 표기하므로 저자명과 논문의 제목, 학술지명 등의 공식 영어명이 무엇인지 확인하는 것이 필요하다. 부득이한 경우가 아니면 연구자가 임의로 한글을 영어화하지 않는 것이 좋다. 국내에서 출판되는 대부분의 학술지가 해당 논문의 영어 정보를 제시하고 있고, 한국연구재단에서 구축한 KCI (Korean Citation Index)나 RISS (Research Information Sharing Service) 등의 데이터베이스에서 영어명에 대한 정보를 찾을 수 있다.

(1) 내어쓰기/들여쓰기

참고문헌을 작성하는 데는 몇 가지 규칙이 있어 이를 숙지하는 것이 좋다. 우선 *아동학회지*와 같이 APA 양식을 기본으로 하는 학술지들은 첫 줄을 내어쓰기하는 것이 일반적이다. 첫줄은 왼쪽 끝에 맞추고 두 번째 줄부터 한 탭(약 여섯 칸) 들여쓰기를 한다.

(2) 정기간행물과 비정기간행물

참고문헌은 크게 학술지와 같은 정기물과 서적과 같은 비정기물로 나뉜다. 정기물은 참고문헌 작성 시 출판사명과 출판사 소재지를 표기하지 않으나 비정기물은 이를 표기한다.

(3) 참고문헌 제시 순서

*아동학회지*는 여러 언어로 쓰인 참고문헌을 모두 영어 표기하므로 참고문헌 목록을 작성할 때 제1저자명의 알파벳 순서에 따라 배열한다. 그러나 한글 표기

를 하는 경우에는 국내문헌을 가장 먼저, 다음으로 동양문헌, 서양문헌의 순으로 배열한다.

제1저자가 동일한 경우 단독 저자 문헌을 공동 저자 문헌보다 먼저 배열하며, 제1저자와 제2저자가 동일하면 제3저자의 가나다 혹은 알파벳순으로 배열한다. 저자명이 완전히 동일한 경우에는 빠른 출판연도를 먼저 제시하고 저자와 출판연도까지 동일할 때는 제목의 가나다 혹은 알파벳순으로 배열한다. 또한 인쇄 중(in press)인 문헌은 저자의 알파벳순으로 배열하되 저자가 동일한 경우 출판연도가 명시된 문헌의 뒤에 배열한다.

(4) 자주 사용되는 약어의 표기

참고문헌을 표기할 때 한글과 영어에서 자주 사용하는 약어들을 알아둘 필요가 있다. 한글 표기에서는 약어를 많이 사용하지 않는 편이다.

〈약어〉	〈단어〉
역/공역	번역/공동번역
주	주석
편	편집자
Co.	Company
ed.	edition
Ed./Eds.	Editor/Editors
Inc.	Incorporated
Ltd.	Limited
n.d.	no date
No.	Number
p./pp.	page/pages
trans.	translation/translator
vol.	volumn

(5) 저자명의 표기

한글 저자명은 성과 이름을 모두 표기하고, 여러 명의 저자를 쉼표로 구분한다. 영어 저자명은 성(last name)을 먼저 제시하고 난 뒤 쉼표를 찍고 이름(first name)과 중간이름(middle name)의 이니셜을 차례로 표기한다. APA 양식에서는 각 이니셜 뒤에 마침표를 찍는다. 한글 저자명을 영어로 표기하는 경우 그 방식은 매우 다양하다. 참고문헌 목록의 작성 시에는 다음 예시를 참고한다. 특히, 한글에서 하이픈으로 연결된 중간이름이 소문자인 경우에는 한 단어로 간주하여 이니셜 한 개로만 표기한다.

〈한글 저자명의 로마자 표기〉	〈참고문헌 제시〉
Gildong Hong	Hong, G.
Gil Dong Hong	Hong, G. D.
Gil-Dong Hong	Hong, G.-D.
Gil-dong Hong	Hong, G.

영어 저자명은 저자의 수가 2~7명인 경우 저자 사이를 쉼표와 '&'로 연결한다. 참고문헌 작성에서는 저자가 2명인 경우에도 본문 인용과는 달리 '&' 앞에 쉼표를 찍는다. 그러나 저자의 수가 8명 이상인 경우에는, 한글과 영어 모두 6번째 저자명까지 표기한 뒤 쉼표와 간격을 둔 말줄임표를 제시하고(, . . .) 마지막 저자명을 표기한다.

개인이 아닌 기관이나 단체가 저자인 경우에는 한글과 영어 표기 모두 저자명의 약어를 거의 사용하지 않는다. 또한 저자명(기관명) 뒤에 마침표를 찍어 준다. 영어 저자명(기관명)은 주요어를 모두 대문자로 표기한다.

(6) 편집자명의 표기

편집자명은 각 장마다 저자가 모두 다른 문헌의 참고문헌 목록 작성 시 반드시 제시해 주어야 한다. 저자명과 구분하기 위해 한글은 '편', 영어는 'Ed(s).'를 적어 준다. 영어 편집자명의 표기 순서는 저자명의 표기 순서와 다르다. 저자명은 성을 먼저 제시하지만 편집자명은 'In' 뒤에 이름의 이니셜을 먼저 표기한 뒤 성을 표기한다. 시리즈(series)물인 서적의 편집자와 권(volumn)의 편집자가 다를 경우 시리즈 편집자명을 먼저 표기한다.

(7) 출판연도의 표기

출판연도는 소괄호 안에 표기한다. 출판 예정 논문은 연도 대신 '인쇄 중'이나 'in press'를 적는다. 본문 인용에서는 한글 저자명 뒤에 소괄호를 한 칸 띄우지 않지만 참고문헌 목록에서는 한글과 영어 모두 저자명과 출판연도 사이에 한 칸을 띄운다. 출판연도의 소괄호 뒤에는 마침표를 찍는다.

(8) 제목의 표기

① 학술저서와 보고서의 제목

영어 표기는 제목의 첫 글자만 대문자로 나머지는 모두 소문자로 표기한다. 부제목은 제목 다음에 콜론으로 연결하고 역시 첫 글자만 대문자로 표기한다. 책 전체의 제목은 이탤릭체로 표기하나 책의 부분인 한 장의 제목은 이탤릭체로 표기하지 않는다.

② 학술지 논문 제목과 학술지명의 표기

정기적으로 발행되는 학술지 논문의 영어 제목 역시 첫 글자만 대문자로 나머지는 모두 소문자로 표기한다. 그러나 논문이 게재된 학술지명의 영어 표기는 맨 첫 글자뿐 아니라 주요어의 첫 글자를 모두 대문자로 표기하며 'the, of, in, and'와 같은 조사, 접미사, 접두사 등은 소문자로 표기한다. 그러나 5음절이 넘는 'among, between' 등과 'with'는 대문자로 표기한다.

학술지명은 이탤릭체로 표기하나 한글 폰트에서 이탤릭체를 적용하기 어려운 경우에는 (중)고딕체를 사용하거나 진하게 표기하기도 한다. 한글 표기 방식은 다음과 같이 다양한 서체를 적용할 수 있다.

(이탤릭) 홍길동 (2015). 아동의 스마트폰 사용 실태. *아동학회지*, *17*(3), 198-206.
(굵게) 홍길동 (2015). 아동의 스마트폰 사용 실태. **아동학회지,** 17(3), 198-206.
(고딕) 홍길동 (2015). 아동의 스마트폰 사용 실태. **아동학회지, 17**(3), 198-206.
(중고딕) 홍길동 (2015). 아동의 스마트폰 사용 실태. 아동학회지, 17(3), 198-206.

③ 기타 정기간행물의 제목

정기간행물인 신문, 뉴스레터, 잡지명은 학술지명과 마찬가지로 주요어의 첫 글자를 대문자로 표기하고 이탤릭체를 사용한다. 그러나 신문의 기사 제목은 학술지 논문 제목과 동일하게 표기한다.

(9) 판, 권, 호수의 표기

문헌의 출판 인쇄 정보는 '판, 권, 호'의 순서대로 표기하고 소괄호 안에 모두 제시할 때는 쉼표로 구분한다. 문헌이 몇 번째 개정된 것인지를 표기할 때, 한글로는 차수에 구분 없이 소괄호에 '개정판'이라고 표기하며 '최신개정판'으로 표기하는 경우도 있다. 영어는 몇 차 개정인지를 '3rd ed.' 등으로 정확히 표기한다. 학술저서에 권과 호를 표기할 때는 'Vol.'과 'no.'를 사용하지만 학술지는 숫자만 제시하고 호수를 소괄호 안에 넣어 구분한다. 호수가 없는 학술지는 권수만 표기한다. 특히 학술지는 권수만 이탤릭체(고딕, 중고딕, 진하게)로 표기한다.

(10) 수록면의 표기

참고문헌에서 학술지 논문이나 책 부분(한 장)의 표기는 수록면을 제시하는 것이 일반적이며 신문과 같은 정기간행물도 수록면을 표기한다. 해당 문헌의 시작 면과 끝 면을 붙임표로 연결하여 소괄호에 표기한다. 수록면이 여러 면이면 'pp.'를 한 면이면 'p.'를 적어 준다. 학술지 논문 수록면의 표기에는 'pp.' 없이 숫자만 붙임표로 제시한다.

(11) 출판사명의 표기

일반적으로 정기간행물은 출판사명을 표기하지 않으나 비정기간행물은 해당 문헌을 쉽게 구할 수 있도록 출판사명과 소재지를 제시한다. APA 양식에서는 출판사 소재지를 먼저 제시하고 콜론 뒤에 출판사명을 표기한다.

출판사 소재지는 국가마다 행정 단위가 다르므로 이를 고려하여 융통성 있게 단위를 제시하거나 삭제할 수 있다. 한글 표기에서는 국내의 특별시나 광역시의 경우 도시명만 표기하고 기타 지역은 도시(군)와 지역(도)명을 표기한다. 영어 표기에서는 도시명을 표기하고 미국이나 캐나다처럼 주가 있는 국가는 주명을 약어로 표기한다. 주가 없는 나라는 도시와 국가명을 표기한다. 잘 알려지지 않은 도시가 소재지인 경우에는 국가명을 표기하는 것이 문헌을 구하는 데 도움이 된다. 그러나 런던, 뉴욕, 도쿄 등 전 세계적으로 잘 알려진 도시는 주나 국가명 없이 도시명만 표기해도 된다.

영어 표기에서는 출판사가 대학교 혹은 학회이거나, 회사 이름에 Books나 Press가 들어가는 경우, 출판사명을 그대로 표기한다. 그러나 Publisher, Co., Inc. 등은 생략할 수 있다. 저자와 발행기관이 동일한 기관이나 단체는 출판사명에 'Author'라고 표기하거나 기관명의 약어를 사용할 수 있다. 그러나 저자명에는 약어를 제시하는 경우가 드물다. 또한 인쇄본이 아닌 온라인 학술지나 E-book은 참고문헌 작성에서 출판사 정보를 생략하는 경우가 많다. 디지털 문헌에 대한 더 자세한 설명은 아래 제시되어 있다.

(12) 디지털 문헌의 표기

최근에는 디지털 형태의 출판물이 증가하는 추세다. 학술서가 e-book으로 출판되며 학위 논문도 인쇄본을 구하기보다 온라인에서 다운받는 경우가 많다. 디지털 정보의 인용은 인쇄본의 인용 방식과는 여러 가지 면에서 차이가 있다. 자료의 출처를 알기 위해 수록면이나 출판사명을 제시하지 않아도 웹 주소를 통하여 자료에 쉽게 접근할 수 있다. 그러나 인터넷상에서 자료를 찾을 수 있는 주소인 Uniform Resource Locator (URL)는 경로가 차단되거나 자주 변하기 때문에 수시로 점검할 필요가 있다.

디지털 객체 식별자인 Digital Object Identifier (DOI)는 각 논문에 부여되는 고유 식별 기호다. 국제학술지 발행기관들에 의해 관리되어 어디서든 검색이 가능한 것이 장점이다. 참고문헌에 DOI가 있는 경우에는 부가적인 정보를 추가적으로 제시할 필요가 없지만 인터넷상에 올려진 모든 자료들이 이에 해당하는 것은 아니다. 디지털 문헌의 참고문헌 목록 작성에서는 문헌의 저자명, 출판연도, 제목과 수록면 등의 정보가 있으면 이를 표기하고 DOI나 URL 등의 인출 경로를 제시하는 것이 일반적이다. 그 외 수록면이나 출판사명과 같은 정보는 표기하지 않으며 환율정보나 경제동향과 같이 시시각각 변하는 자료 외에는 인출 날짜를 표기하지 않는다.

DOI는 개별 논문에 할당되므로 논문 PDF 파일의 첫 장에 출처 정보와 함께 제시되거나(Figure 5 참조), 원문 다운로드가 가능하고 서지정보가 제시된 웹페이지에서 찾을 수 있다(Figure 6 참조). URL 역시 개별 논문의 서지정보가 있는 웹페이지에 제시된 경우가 많다. 국내 데이터베이스인 RISS는 학위 논문 각각에 URL을 부여하고 있어 자료를 쉽게 찾을 수 있다(Figure 7 참조). URL이 따로 지정되어 있지 않은 경우에는 주소창을 복사하여 출처를 밝히는 것이 가능하나, 웹 주소가 지나치게 긴 경우에는 해당 사이트 주소만 제시해도 된다.

DOI 정보

Korean J. of Child Studies
Vol. 36, No. 2, 167-182, April 2015
DOI : dx.doi.org/10.5723/KJCS.2015.36.2.167

www.childkorea.or.kr
pISSN1226-1688
eISSN2234-408X

부모상위정서철학이 학령기 아동의 사회적 유능성에 미치는 영향 : 아동의 정서조절능력의 매개효과 검증

Figure 5. 논문 첫 장에 제시된 DOI.

Abstract:

We examined differences between Korean and American cultures in terms of the relationships between Big Five personality traits (McCrae & Costa, 1990) and information competency. Korean (*n* = 245) and American (*n* = 185) college students completed the NEO-Five Factor Inventory (Costa & McCrae, 1992) and the Information Competency Scale (Kwon, 2010). Results showed both similarities and differences between the 2 culture groups. Conscientiousness and openness to experience significantly predicted information competency in both Korean and American students. However, the influence of extraversion was significant only for American students. This result may be because of the high value placed on extraversion in American culture.

References: 20 references ☐ open in new window

Articles that cite this article?

Keywords: BIG FIVE PERSONALITY TRAITS; COLLEGE STUDENTS; CULTURAL DIFFERENCES; INFORMATION COMPETENCY; NEO-FIVE FACTOR INVENTORY

Document Type: Research Article

DOI: http://dx.doi.org/10.2224/sbp.2012.40.7.1153 ← DOI 정보

Figure 6. 논문 웹페이지 서지정보에 제시된 DOI.

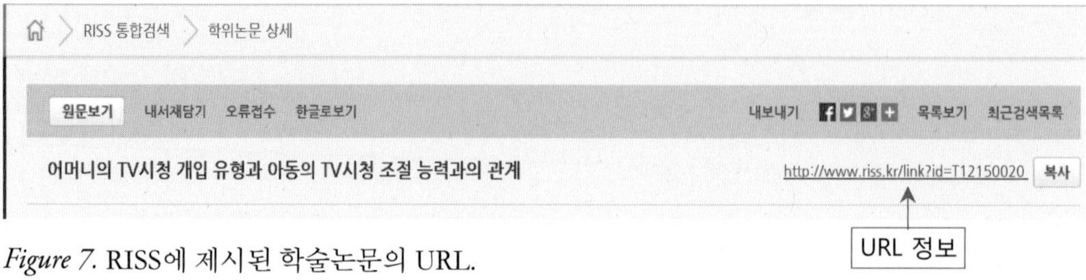

Figure 7. RISS에 제시된 학술논문의 URL.

2) 참고문헌 작성의 실제

(1) 학술지 논문

국내외에서 정기적으로 발행하는 학술지에 게재된 논문은 '저자명, 연도, 논문제목, 학술지명, 권수, 호수, 수록면' 순으로 표기한다. 띄어쓰기와 부호는 다음과 같다. '∨' 표시가 들어간 부분은 한 칸씩 띄어 쓴다. 쉼표와 마침표 표기도 주의 깊게 살펴야 한다.

〈한글〉

저자명,∨저자명∨(연도).∨논문제목:∨부제목.∨*학술지명*,∨*권수*(호수),∨시작쪽수–끝쪽수.

〈영어〉

저자 성,∨저자명 이니셜.,∨&∨저자 성,∨저자명 이니셜.∨(연도).∨논문 제목.∨*학술지명*,∨*권수*(호수),∨시작쪽수–끝쪽수.

학술지 참고문헌 작성의 구체적 예시는 다음과 같다.

〈한글〉

박유리, 이영미, 한아동 (2014). 유아의 지능과 친사회적 행동과의 관계: 모자 상호작용의 역할. *아동학회지*, *40*(3), 215-228.

홍길동, 김철이, 이영미, 한아동, 최한국, 박유리, ... 진수정 (2016). 교사와 부모가 지각하는 아동 기질의 차이. *아동학회지*, *3*(4), 11-23.

← 저자가 8명 이상인 경우에는 6명까지 제시하고 쉼표와 세 번의 마침표 뒤에 마지막 저자 제시

〈영어〉

Hong, G. D., & Kim, C. E. (2015). The effect of teachers' emotion regulation on behavior problems among adolescents. *Korean Journal of Child Studies*, *11*(2), 60-75.

← 저자가 2명인 경우 쉼표를 찍고 '&' 사용

Johnson, A., Duncan, P. S., & Park, Y. (2015). Mother and child interactions and its relations to children's temperament. *Journal of Child Studies*, *40*(3), 215-228.

Park, K. Y., Charlie, S. Y., Bate, H. W., Passidy, M. Y., Song, H., Yang, S. E., ... Shin, M. (2016). Fathers' involvement in children's peer interactions. *Child Research*, *25*(4), 205-210.

← 저자 8명 이상

Cho, K., & Hong, G. D. (in press). Emotion regulation in preschool children: Interaction between gender and age. *Emotion and Cognition in Children*.

← 게재 확정되었으나 아직 출간이 안 된 논문

최근에는 온라인 정보서비스가 확대됨에 따라 *아동학회지*를 비롯한 많은 학술지들이 DOI를 사용하는 추세다. DOI 주소는 참고문헌 맨 뒤에 표기하며 마지막에 마침표를 찍지 않는다. DOI가 없는 경우에는 학술지를 찾을 수 있는 URL 주소를 제시한다. DOI 주소는 http//dx.doi.org/10.1000과 같이 제시된 경우가 많으나 참고문헌에서는 아래 예시와 같이 링크주소를 생략하고 10부터 표기한다.

한아동, 홍길동, 이영미 (2016). 영아의 기질이 어머니의 양육 행동에 미치는 영향. *영유아학회지, 17*(4), 46-60. http://www.childstudies.org/journal/asppa2016=1371/에서 인출 ← URL 주소

Herman, J. Y., & Clark, A. A. (2015). Parenting behaviors, marital relationship, and social competence in young children. *Children and Health, 25*(1), 248-261. doi:10.1047/0278-2015.25.1.24861 ← doi 주소

Han, A. D., Hong, G., & Lee, Y. M. (2016). The influence of infants' temperament on mothers' child rearing behaviors. *Korean Journal of Child Studies, 17*(4), 46-60. Retrieved from http://www.childstudies.org/journal/asp?page2016/

(2) 학술서적: 저서

비정기물인 학술저서의 경우 여러 저자들의 공동 저술과 각 장의 저자가 다른 경우를 구분하여 표기한다. 각 장의 저자가 다른 서적은 편집자명과 인용한 장의 수록면까지 제시한다. 학술저서는 책 제목을 이탤릭체로 표기하고 출판사의 소재지는 책을 구할 경우를 대비해 자세히 표기한다. 일반적으로 서적은 다음과 같

이 '저자명, 연도, 서명, 출판사 소재지, 출판사명' 순으로 표기한다. 최근 Adobe, Kindle, EPUB, HTML과 같은 형식의 다양한 E-book이 출간되고 있다. E-book의 본문 표기는 인쇄본과 동일하나 참고문헌 표기에서는 출판사 정보를 생략하고 DOI나 URL을 제시한다.

〈서적 전체의 인용〉

(한글) 저자명,∨저자명∨(연도).∨*서명*(판차).∨도시,∨지역(혹은 도):∨출판사명.

(영어) 저자 성,∨저자명 이니셜.∨(연도).∨*서명*∨(판차).∨도시,∨주(혹은 나라):∨출판사명.

〈한 장의 인용〉

(한글) 저자명∨(연도).∨장의 제목.∨편집자명(편),∨*서명*(pp.∨수록면).∨도시,∨지역(혹은 도):∨출판사명.

(영어) 저자 성,∨저자명 이니셜.∨(연도).∨장의 제목.∨In∨편집자이름 이니셜. 편집자 성(Ed(s).),∨*서명*∨(pp.∨수록면).∨도시,∨주(혹은 나라):∨출판사명.

학술저서의 참고문헌의 작성 예시는 다음과 같다.

〈책 전체의 인용〉

(한글)

홍길동, 김철이, 이영미 (2015). *아동과 가족*. 서울: 한국출판사. ← 서명을 이탤릭체로 표기

김철이, 박유리 (2014). *아동 연구의 이해*(개정판). 부산: 해운대출판사.

한국아동학회. (2015). *아동학의 역사*. 광주, 경기: 한국아동학회.

최한국, 한아동 (2016). *부모양육태도* [Adobe Digital Editions]. http://www.e-bookmarket.com/adobebookid=1004 에서 인출 ← Adobe 형식의 E-book

(영어)

Moon, J. S., Hong, G. D., & Lee, Y. J. (2015). *Introduction to child and family studies*. Paju, Gyeonggi: Hankook Press.

Scale, P., & Edison, C. L. (2016). *Teaching curriculum and practice*. London: Wales and Forest.

Kim, C., & Hong, G. (2015). *Infancy and early childhood*. Silverville, CA: Tompson.

Korea Child Health Institute. (2014). *Child health and nutrition*. Seoul: Author. ← 영어 표기에서 저자와 발행인이 동일한 경우 출판사명에 Author로 표기(약어도 사용 가능)

Paper, K., & Compile, H. (2014). *Child and family policy: Child care and development* (2nd ed.). Washington, DC: West University Press.

Grace R., & White, M. A. (2015). *Self-esteem and development: Theory, assessment, and practice* [EPUB version]. doi:10.1021/8045-74113681-1 ← 출판사 정보 생략하고 doi 제시

〈한 장의 인용〉

(한글)

최한국, 한아동 (2015). 청소년과 조부모의 상호작용. 홍길동, 김철이(편), *부모자녀 의사소통*(pp. 23-45). 서울: 아침.

김철이 (2015). 산후우울의 위험 요인. 한국아동학회(편), *어머니의 정신건강*(pp. 3-24). 서울: 한국아동학회.

(영어)

Pay, R. (2014). Modeling paternal behaviors: Motivation and cognition. In F. B. Green (Ed.), *New family system theory* (pp. 355-372). New York: Morris.

Raddy, I. K., & Baldwin, E. M. (2016). Children and intelligence. In T. Damon, B. A. Barns, & C. P. Leonard (Series Eds.) & N. Berg (Vol. Ed.), *Child cognition and emotion* (5th ed., Vol. 2, pp. 342-360). Flowerville, NJ: Sunny Books.

← 판수, 권수, 수록면 순으로 제시하고 쉼표로 연결

Peterman, A. L. (2016). Social cognition and emotion. In C. A. Carter & P. T. Harris (Eds.), *Cognition and emotion in modern society* [MOBI version] (pp. 34-65). Retrieved from http://atylerbook.com/mobileebook/14290.html

← MOBI 형식의 E-book에서 한 장의 인용

(3) 학술서적: 번역서

번역서는 '원저자명, 번역서 출판연도, 번역서명, 번역자명, 출판사 소재지, 출판사명, 원저의 출판연도' 순으로 표기한다. 번역자명 뒤 소괄호 안에 '역'이나 'Trans.'를 적는다. 번역자가 여러 명이면 '공역'을 사용한다. 원저의 출판연도는 소괄호 안에 아래와 같이 표기한다. 그러나 출판연도를 알 수 없는 고서의 번역서는 '역해' 라고 적어 주고 번역서의 출판연도만 표기하지 않는다.

Howell, V., Sam, D., & Watson, N. (2015). *아동과 성인*(홍길동, 김철이, 공역). 대전: 영출판사. (1995년 원저 발간)	원저의 출판연도를 명시
Compton, W. C. (2013). *An introduction to child psychology* (E. G. Kim & G. D. Hong, Trans.). Seoul: Mimi Press. (Original work published 1997)	
Veries T. (2015). Play and attachment: Curriculum in early childhood (G. L, Park & J. J. Kim, Trans.). In B. Tyler, C. Ropper, & S. Hair, S. (Eds.), *Attachment in early childhood* (pp. 47-88). Seoul: Hankuksa. (Original work published 2010)	
주희 (2013). *소학*. 이영미(역해). 파주, 경기: 한국서적.	원저 출판연도 알기 어려운 경우 번역서 출판연도만 제시
춘추전국지연의서 (2015). 김철이(역해). 서울: 종로출판사. (원저 발간연도 미상)	저자, 발간연도 미상인 번역서

(4) 보고서

보고서는 학술저서와 동일하게 제목을 이탤릭으로 표기하고 기관이나 단체에서 부여한 과제고유번호가 있는 경우 이를 소괄호 안에 표기한다. 보고서는 기관이나 단체가 저자와 발행인을 겸하는 경우가 많다. 이때 한글 저자명과 출판사명은 기관명을 동일하게 표기한다. 영어 표기에서는 기관명을 그대로 표기하고 출판사명에는 저자와 동일하다는 의미로 'Author'라고 표기한다. 특히 보고서는 저자가 기관이나 단체인 경우 기관명 뒤에 약어가 아니라도 마침표를 찍는다. 미출판 보고서의 출처가 ERIC 데이터베이스인 경우에는 문서 번호를 맨 뒤에 제시한다. 특히, 기관이나 출판사의 홈페이지에서 다운받을 수 있는 보고서는 URL을 제시한다. 개인 저자명이 명시된 보고서는 URL에 발행기관이나 출판사를 포함하여 표기한다.

〈한글〉

홍길동, 이지민 (2015). *아동신체발달조사*. 서울: 한국아동연구원.

가족정책센터. (2016). *2015년 보육료 연간보고서*. 부산: 부산시정책과.

한국보건연구소. (2014). *가족보건실태조사*(정책보고서 2014-92). 천안, 충남: 한국보건연구소. ← 한글 기관저자명 뒤에 약어가 아니라도 마침표 찍음

최한국 (2016). *청소년 사교육비 실태*(연구보고서 No. 2016-11). 가족정책연구소 웹 사이트: http://www.familycenter.org/report-comuments_archives.html에서 인출 ← 기관명 URL 제시

〈영어〉

Kim, C. E., Park, Y., & Choi, H. W. (2015). *Family, nutrition, and well-being: Mother depression and child health*. Seoul: Department of Nutrition.

National Family Institute. (2016). *Education and world economy*. Chicago: NFI.

Korea Institute for Health and Social Affairs. (2013). *Children survey 2013* (Report No. 2013-92). Seoul: Author.

Leo, D. S., Doleman, A., & Tulette, J. C. (2016). *Practice and guide in Ontario child centers*. Retrieved from ERIC database. (ED4825601) ← ERIC 번호

Barbett, R., & Kerrigan, I. (2016). *Annual report of poverty in young children* (CCH Report 1045b). Retrieved from Hope University Center for Child Health website: http://www.hopeu.edu/cchealth/reports/ 2016-1.pdf

(5) 학위 논문

학위 논문은 '저자, 출판연도, 논문 제목, 학위 수여 종류, 대학명, 대학 소재지' 순으로 제시하고 논문 제목을 이탤릭체로 표기한다. 대학이 소재한 국가까지 표기하는 경우가 많으며 대학교명에 소재지의 주명이 포함된 경우에는 도시명만 표기한다. 한글 표기에서는 APA 양식과는 달리 '도시명, 국가명, 대학교명' 순으로 표기하기도 한다.

학위 충족 요건으로 제출하는 학위 논문의 인쇄본은 이후 심사를 거쳐 학술지 논문이나 학술저서 등으로 출판될 수 있지만 그 자체로는 아직 미출판 상태인 것으로 간주된다. 아직 다른 형태로 출판되기 전에는 '미출판' 혹은 'unpublished'를 표기해 준다. 학위 논문이 디지털 형태로만 존재하거나 논문초록만 정기간행물 형식으로 출판되는 경우에는 참고문헌 작성 양식이 달라지며 그 예시는 아래에 제시되어 있다. 특히, 최근에는 학위 논문 파일을 인터넷에서 다운받는 경우가 많다. 이러한 경우에는 대학의 소재지를 표기하지 않고 인터넷 주소만 표기한다. 국내 대부분의 학위 논문은 한국교육학술정보원(KERIS)의 학술연구정보서비스(RISS)에서 다운로드 받을 수 있다.

〈한글〉

홍길동 (2016). *아동의 실행기능 측정 도구 개발*(미출판 박사 학위 논문). 한국대학교, 서울, 한국.

홍길동 (2016). *아동의 실행기능 측정 도구 개발*. 서울, 한국: 한국대학교 일반대학원 박사학위 청구논문.

이영숙 (2014). *발달증진 프로그램이 저소득가정 아동의 학업 성취에 미치는 효과*. 울산, 한국: 바다대학교 교육대학원 석사학위 청구논문.

이영숙 (2014). *발달증진 프로그램이 저소득가정 아동의 학업 성취에 미치는 효과*(석사학위논문). http://www.riss.kr/link?id=D01451387462에서 인출

RISS에서 다운로드 받은 학위 논문

〈영어〉

Kim, C. E. (2015). *The development of theory of mind in preschool children: Differences by types of temperament* (Unpublished master's thesis). Nara University, Daejeon, Korea.

Davidson, H. (2014). *Effects of maternal depression on children's temperament and behavior problems* (Unpublished doctoral dissertation). Florida Open University, Pam City.

미국 소재 대학인 경우 USA를 생략

Solo, H. (2016). *Child belief about prosocial behavior: The effects of parenting behaviors and family environments* (Doctoral dissertation, University of Cacao, Daumcity, Spain). Retrieved from http://www.uccdaum/1045119

대학에서 제공한 데이터베이스에서 인터넷 파일 형태로 출판된 논문

Vooks, A. (2015). *Learning and modeling in peer interaction*. Dissertation Abstracts International, 102, 7886A.

논문초록의 출판

Anasta, P. E. (2015). *Attachment security and psychological well-being later in life* (Master's thesis). Available from ProQuest Dissertations & These Global database. (UMI No. 28901453)

무료 데이터베이스가 아닌 경우에는 논문을 다운받을 수 있는 사이트와 번호 제시

(6) 학술대회, 세미나, 심포지엄, 워크숍 발표 자료

'저자명, 발표 연도, 발표 월, 발표 제목, 학술대회명, 개최지'의 순으로 표기한다. 발표 제목은 이탤릭으로 표기하고 소괄호 안에 발표 연도와 월을 표기한다. 자료집이 없는 학술대회 발표는 구두 발표인지 포스터 발표인지 발표 형태를 학술대회명 앞에 명시한다. 구두 발표는 영어로 'paper presented', 포스터 발표는 'poster presented'라고 표기한다. 그 예시는 아래와 같다.

학술대회명의 영어 표기는 주요 단어를 모두 대문자로 표기한다. 영어 학술대회명은 발간물이나 주최자를 통해 정확한 명칭을 확인한다. 발표 자료의 영어 제목이 불분명한 경우에는 저자에게 문의하거나 부득이한 경우에 인용자가 영어화할 수 있다. 개최지는 도시와 국가를 모두 표기한다. 이후 발표물들이 발간된 자료집을 인용하는 경우에는 학술지 논문과 같은 형식으로 표기하고 수록면을 제시한다. 'proceeding(s)'이라고 명시하여 정기간행물인 학술지 논문과 구분하고 맨 뒤에 개최국을 표기한다.

홍길동, 김철이 (2014, 5월). *유아의 우정 개념의 발달*. 한국아동학회 춘계학술대회 구두 발표, 서울, 한국.

한아동, 우나라 (2016). 아동상담의 사례연구. *한국아동학회 동계 자격 세미나 자료집*, 13-26. ← 자료집은 이탤릭 표기

홍길동 (2015). 초등학교 교사의 직무스트레스 탐색 [초록]. *한국아동학회 추계학술대회 자료집*, 130.

김철이 (2015. 11월). *유아의 도덕성 발달*. 한국아동학회 추계학술대회 포스터 발표. 서울, 한국. 초록은 http://www.childstudies.org/conferenceshort에서 인출

Hong, G. D., & Kim, C. E. (2014, May). *Development of friendship in young children.* Paper presented at the 2014 Annual Spring Conference of the Korean Association of Child Studies, Seoul, Korea.

구두 발표

Kim, C., E., Lee, Y. M., & Choi, H. K. (2015, November). *A survey on the parenting education programs in Korea.* Poster presented at the Annual Meeting of Korea Association of Young Children, Jeju, Korea.

포스터 발표

Steward, B. (2015). Relational aggression in middle childhood [abstract]. *Proceedings of the International Society of Research in Children* (p. 182). Lancer, France: String-Watson. doi:11.1009/546-9-345-32456-2_10

Contrabuer, A. (2016, March). Environment, career, and child rearing. In D. A. Maholm (Chair), *Ecology and child rearing.* Symposium conducted at the Annual Meeting of Infant and Child Association, Bay, CA. Retrieved from http://www.ica.org/childreearing2016/fulltext_2016.html

심포지엄 발표 논문의 온라인 다운로드

(7) 신문 미디어 시청각 자료

시청각 미디어 자료의 인용은 자료의 신뢰도에 따라 영향을 받는다. 인터넷 사용이 늘어나면서 출처가 불분명하고 신뢰성을 알기 어려운 자료의 인용이 늘어나고 있다. 따라서 학술적으로 검증된 문헌이나 자료를 선별할 수 있어야 한다.

신문이나 뉴스레터의 경우 자세한 일시와 수록면을 명시한다. 수록면은 한 면인 경우가 많으며 저자가 있는 경우와 없는 경우를 구분하여 표기한다. 최근 인터넷 신문, 방송, 라디오 프로그램이 증가하여 이를 표기하고자 하는 경우에는 반드시 출처를 찾을 수 있는 데까지 웹 주소를 제시해야 한다. 인터넷 신문의 표기는 다음의 예시와 같이 일반 신문의 참고문헌 표기와 다르게 표기한다. 온라인에서 학술지 논문, 보고서, 서적 등을 다운받아 인용하는 경우에는 문헌의 종류별 표기법을 따르고 마지막에 웹 주소를 표기한다.

〈신문, 잡지, 소식지〉

박유리 (2015. 5. 13.). 아동의 학대 실태와 대책. *우리나라일보*, pp. A2, A3. ← 정기간행물명을 이탤릭체로 표기

한민일보 (2015. 10. 31.). 보육교사 자격기준 강화, pp. A3, A4.

홍길동 (2014. 2). 아동학의 연구윤리와 검증. *대한아동학회 소식지, 20*, pp. 49-51.

어버이날의 새로운 정의 (2015. 5월). *서울일보*. http://www.seoulnews.com에서 인출

Hacher, C. (2014, July). New perspective in family psychology. *Newsletter of the Society for Research in Family and Children, 19*(1), pp. 2-5.

Schuwartz, J. (2013, September 30). Obesity affects economy. *The International Times*, p. 12.

〈방송, 라디오, 동영상, CD, DVD〉

김철이(작가). (2015, 2. 24.). 아동의 이해. *부모교육프로그램*. 서울: 서울교육방송. ← 프로그램명을 이탤릭으로 표기

나라방송. (2014. 12. 3.). 저출산대책. *시사문화*.

기관저자명 뒤에 마침표 표기

한아동 (연출). (2016. 2. 1.). *아기의 탄생과 발달* [오디오 팟캐스트]. http://www.childbirth.org/popia/13452mp3.xml

Lee, Y. D. (2012, March 26). Who are you? *Sunday Special*. Seoul: Media Broadcasting System.

Jim P. (Producer). (2015, November 5). *Child and family* [Video podcast]. Retrieved from http://www.newspost.com/

팟캐스트 동영상 자료

James, D. (2016). Rain and coffee [Recorder by J. Muse]. On *Black Coffee* [CD]. Seoul: Song Records.

Global Child Foundation. (2016). *EQ test* [VHS]. Los Angeles: Author.

대괄호 안에 자료 형태 표기

Daehan National Broadcasting. (2013). *Child mental health* [DVD]. Seoul: Child Education Institute.

〈기타 인터넷 자료〉

홍길동 (2014). *한국아동조사연람*. http://www.koreachild.org 에서 2015년 7월 21일 인출

Apolo, P. F., Baker, C., & Jones, L. (2015). Exchange rate and family income. *Global Child Journal*. Retrieved February 10, 2016, from http://www.gjliteraty.com/wepdyn/content/article.html

환율 정보와 같이 시간에 따라 변하는 자료는 인출한 날짜를 제시

(8) 검사 도구

검사 도구는 학술저서와 동일하게 '저자명, 출판연도, 검사 도구명, 출판사 소재지, 출판사명' 순으로 표기한다. 영어로 된 검사 도구의 한글 번역본을 인용하는 경우 영어로 약어를 제시하기도 한다.

홍길동, 김철이, 이영숙, 박유리 (2015). *아동학습준비평가척도(K−CLR)*. 서울: 도구개발연구소.

검사 도구의 영어 약어 제시

Shane, W. M. (2014). *Positive Behavior Scale*. Los Angeles: Western Psychological Services.

Shilverman, A. L. (2015). *Adolescent Self-Esteem Test* (2nd ed.) [Mobile application software]. Available from http://www.testcompany.org

스마트기기로 실시할 수 있는 유료 검사 도구

(9) 자료 분석 소프트웨어와 데이터셋

연구자들에게 공개된 패널 데이터를 활용하는 일이 늘어나고 있다. 이차 자료를 사용하는 경우에는 본문과 참고문헌에 모두 인용 정보를 제시해야 한다. 또한 통계 분석 등에 많이 쓰이는 소프트웨어는 버전에 따라 회사명이 다를 수 있기 때문에 이를 정확히 확인해야 한다. 일반적으로 많이 쓰이는 MS Word, Excel, SPSS, SAS 등은 본문에만 표기하고 참고문헌에 따로 제시하지 않으나, 특별한 소프트웨어나 컴퓨터 프로그램은 참고문헌에 제시한다.

Stata Content Analysis Software (Version 13) [Computer software]. College City, WI: ContentSta LP.

Mplus (Version 6.11). [Computer software]. Los Angeles, CA: Muthén & Muthén.

National Youth Center. (2014). *NYC 1-3rd survey of 6th grade* [Data file and code book]. Retrived from http://www.nationalyc. org/datacode/ ← 패널 데이터

(10) 외국어 문헌

프랑스어, 독일어, 중국어, 일본어 등 영어가 아닌 기타 외국어 문헌을 인용할 때, 국내에서는 학술지에 따라 해당 언어 표기와 한글 번역 표기를 적절히 공용한다. APA 개정판을 따르는 영어권 학술지들은 라틴계 언어와 비라틴계 언어에 따라 다른 표기 방식을 적용한다. 아래의 예시와 같이, 영어와 유사한 구조를 가진 프랑스어, 독일어, 스페인어는 저자명, 제목, 출판사명을 해당 언어로 표기하고, 영어제목을 대괄호 안에 제시한다.

그러나 한글, 중국어, 일본어와 같은 비 라틴계 언어는 그대로 표기하지 않고 영어음운을 따라 소리 나는 대로 로마자 표기(romanized transliteration)한다. 로마자 표기는 국립국어원(2000)의 한글 로마자 표기 규정을 따른다. 현재 *아동학회지*는 논문제목, 저자정보, 초록, 주제어, 연구결과, 참고문헌을 영어로 작성한다. 이와 같은 영어 표기는 참고문헌 목록에 사용할 수 있다. 그러나 기타 외국어 문헌의 인용 정보를 개인이 임의로 영작하지 않는 것이 좋다.

(라틴계 언어) Lesilles, J. (2016). La psychologie [The psychology]. Paris, France: Presses Monet.

(비라틴계 언어) Kim, C. I. (2016). Hangeul baldal [한글 발달]. Seoul: Kakjisa.

(11) 문헌연구와 메타분석

메타분석은 한 주제와 관련된 선행 연구들을 선별하여 각 연구에서 제시된 기술치나 통계치를 바탕으로 효과 크기를 검증하는 방법이다. 본문에 인용된 것은 아니지만 문헌연구나 메타분석에 사용된 논문들도 출처를 밝히고 참고문헌 목록에 제시한다. 이때는 앞에 별표(*)를 붙여 본문에 인용된 다른 문헌들과 구분해야 한다. 그러나 메타분석에 사용된 논문이 50개 이상이면 너무 길어지는 것을 방지하기 위해 참고문헌에 제시하지 않고, 목록을 따로 파일로 만들어 제출한다. 이 목록은 온라인상으로만 볼 수 있으며 인쇄본에는 포함시키지 않는다.

*홍길동(2016). 성과 연령이 아동의 공격성에 미치는 영향. *아동학회지*, *11*(3), 106–118.

*Hong, G. (2016). A meta-analytic study of the influence of age on children's aggression. *Korean Journal of Child Studies*, *11*(3), 106–118.

(12) 법령

앞서 지적한 바와 같이 법령은 나라마다 표기 방식이 조금씩 다르기 때문에 국내법의 인용 방법과 APA 양식을 절충하여 사용한다. 한 나라의 법체계는 단일하기 때문에 명칭과 법률 번호가 정확하면 다른 표기가 없어도 쉽게 알아볼 수 있으므로 본문에 상세한 법령 정보를 제시한 경우에는 참고문헌에 따로 포함시키지 않는다. 우리나라의 모든 법규는 국가법령정보센터 웹 사이트(http://www.law.go.kr)에서 인출이 가능하며, 다른 나라들과 UN의 법령 정보 역시 온라인상에서 쉽게 찾아볼 수 있다. 법전문가가 아니라면 법전을 보거나 세세한 조항을 따르는 경우가 드물기 때문에 온라인 자료의 표기 방식을 적용하는 것이 좋다. 법률 관련 도서, 보고서, 정기간행물은 참고문헌 목록에 제시하며 해외법은 본문과 참고문헌 목록에 모두 표기하는 경우가 많다.

사법정책연구원. (2015). *법률문헌 등의 인용방법 표준안*(연구총서 2015-12). 사법정책연구원 웹 사이트: http://jpri.scourt.go.kr에서 인출

연구윤리 확보를 위한 지침 (2015. 11. 3. 교육부훈령 제153호). 교육부 웹 사이트: http://www.law.go.kr에서 인출 ← 본문에 인용하고 참고문헌에 제시 안 해도 됨

The United Nations. (1989). Convention on the Rights of the Child. Treaty Series, 1577, 3.

Convention on the Rights of the Child, Sep. 7, 1989, 1577 U.N.T.S. 3. Retrieved from http://treaties.un.org/doc/Publica/UNTS/Volume277/v1577.pdf

(13) 기타

지금까지 위에서 소개한 문헌들 외에 예외적인 형태의 문헌이나 특이한 자료의 인용 양식에 대해 알고 싶다면 APA 공식 블로그(http://blog.apastyle.org/) 등을 활용하는 것이 가능하다. APA뿐 아니라 다른 협회들도 인용에 대한 공식 웹사이트나 블로그를 운영한다. 블로그에 질문을 올리면 담당 전문가가 답을 달아주는 형태로 운영된다.

IV
연구윤리와 논문출판

IV. 연구윤리와 논문출판

1. 연구윤리

최근 모든 학문 분야에서 연구윤리에 대한 관심이 높아지고 있으며, 이는 아동학의 경우에도 예외가 아니다. 연구윤리(research ethics)란 연구자가 연구를 수행하는 데 있어서 지켜야 할 원칙이나 행동 양식을 말한다. 연구윤리에는 연구자로서 올바른 연구 수행을 위해 지켜야 하는 연구윤리와 연구대상의 권리와 복지를 위한 연구윤리가 포함된다. 학문공동체 내의 연구자와 연구 분야가 다양해지고, 그 수가 증가하면서 연구윤리를 확립하기 위한 국가적, 사회적 차원의 제도적 노력이 강화되고 있다. 한국아동학회에서는 연구윤리규정(http://www.childkorea.or.kr)을 제정하여 시행하고 있으며, 이 규정에서 다루어지지 않은 사항은 출판윤리위원회 지침(Committee on Publication Ethics [COPE] Guideline)과 최근 교육부에서 개정한 연구윤리 확보를 위한 지침(2015. 11. 3. 교육부훈령 제153호)을 참고하고 있다(부록 2).

1) 연구자로서의 연구윤리

(1) 연구진실성

연구자는 연구 수행의 각 단계에서 연구진실성(research integrity)을 확보하여야 하며, 이는 절차적인 투명성과 내용의 정직성을 통해 이루어진다. Resnik (1998)은 연구진실성과 관련하여 연구 수행 시 연구자가 지켜야 할 12가지 원칙을 제시하였다(Figure 8).

① 정직성(honesty)

연구자는 데이터나 연구결과를 위조, 변조, 혹은 왜곡하지 말아야 한다. 또한 연구를 수행하는 과정에서 객관적이고 정직해야 한다.

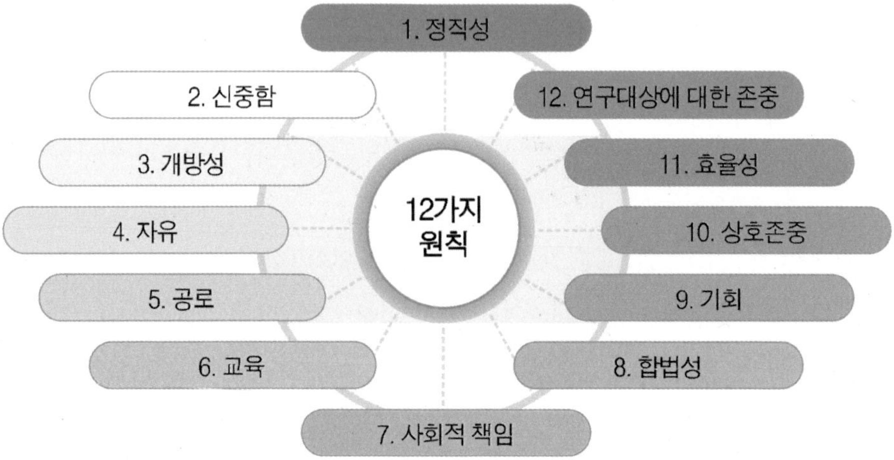

Figure 8. 연구 수행의 12가지 원칙.

② 신중함(carefulness)

연구자는 연구 시 발생할 수 있는 오류, 특히 결과를 제시할 때 실수로 인해 발생할 수 있는 오류를 최소화해야 한다. 정직성과 마찬가지로, 신중함은 과학적 목표를 달성하기 위해 꼭 필요한 원칙이다.

③ 개방성(openness)

연구자는 아이디어, 데이터, 결과, 방법, 도구 등을 공유해야 한다. 또한 연구자는 다른 연구자가 자신의 연구를 검토할 수 있도록 해야 하며 비판이나 새로운 아이디어에 대해 열린 마음을 가져야 한다.

④ 자유(freedom)

연구자는 어떠한 문제나 가설도 연구할 수 있는 자유를 가져야 한다. 또한 연구자는 새로운 아이디어를 추구하고 기존의 아이디어에 대해 비판할 수 있어야 한다.

⑤ 공로(credit)

공로는 연구에 실제적으로 상당 부분 참여한 사람에게만 주어져야 하며, 공로를 인정받은 연구자는 그 연구에 대한 책임도 함께 져야 한다. 즉, 연구에 대한 공로와 책임은 연구자에게 동시에 부과된다.

⑥ 교육(education)

연구자는 학문 후속세대가 과학적인 연구 수행 방법을 학습하도록 교육할 의무가 있다. 더 나아가 연구자는 일반 대중을 대상으로 자신이 연구하는 분야를 교육하고 정보를 제공할 책임이 있다.

⑦ 사회적 책임(social responsibility)

연구자는 사회에 해를 끼치는 것을 피하고 사회적인 이득을 창출하도록 노력해야 한다. 또한 연구자는 사회적으로 가치 있는 연구를 수행하고, 공공 토론에 참여하며, 정책 결정을 도와야 한다.

⑧ 합법성(legality)

연구자는 연구 과정에서 직면하게 되는 다양한 법규, 즉 인간을 대상으로 한 실험, 저작권과 특허, 연구비 관리 등에 관한 법규를 준수해야 한다.

⑨ 기회(opportunity)

연구자는 연구에 필요한 자원을 사용할 기회나 자신의 분야에서 고용 혹은 승진할 기회를 부당하게 거부당하지 않아야 한다. 또한 연구자는 학문적 능력과 직접 관련되지 않은 특성(예: 인종, 국적, 성별, 연령 등)으로 인해 차별받지 말아야 한다.

⑩ 상호존중(mutual respect)

연구자는 서로를 존중하여 협력과 신뢰를 기반으로 하는 학문공동체를 건설해야 한다.

⑪ 효율성(efficiency)

연구자는 자원을 낭비 없이 효율적으로 사용해야 한다. 따라서 한 논문에 수록될 수 있는 내용을 여러 논문에 쪼개어 출판하거나 동일한 내용을 여러 학술지에 게재하는 것은 지양해야 한다.

⑫ 연구대상에 대한 존중(respect for subjects)

연구자는 인간을 대상으로 하는 연구에서 연구대상자의 권리나 존엄성을 침해하지 말아야 한다.

(2) 연구부정행위

연구부정행위(research misconduct)는 연구진실성을 직접적으로 저해하는 행위를 의미한다. 교육부의 연구윤리 확보를 위한 지침(부록 2)에 의하면 연구부정행위는 연구개발 과제의 제안, 수행, 결과보고 및 발표 등에서 행해진 위조, 변조, 표절, 부당한 저자 표시, 부당한 중복게재, 연구부정행위에 대한 조사 방해 행위, 그리고 그 밖에 각 학문 분야에서 통상적으로 용인되는 범위를 심각하게 벗어난 행위 등을 포함한다.

① 위조

'위조'는 존재하지 않는 데이터나 연구결과를 인위적으로 만들어 내는 것으로, 자료 수집을 위한 인터뷰나 설문지 조사를 하지 않았으면서도 데이터가 존재하는 것처럼 허위로 제시하는 것을 예로 들 수 있다.

② 변조

'변조'란 연구와 관련된 재료나 장비, 과정을 허위로 조작하거나, 데이터나 연구결과 등을 임의로 변형, 삭제함으로써 연구내용이나 결과를 왜곡하는 행위다.

③ 표절

'표절'은 일반적인 지식이 아닌 타인의 독창적인 아이디어나 창작물을 적절한 출처를 표시하지 않고 자신의 것처럼 사용하는 것이다. 타인의 연구내용 전부 또는 일부를 출처 표시 없이 그대로 사용하는 경우뿐 아니라, 자신의 언어로 수정하여 사용하였다 하더라도 출처를 제시하지 않았다면 표절에 해당한다. 또한 타인의 독창적인 아이디어를 적절한 출처 표시 없이 자신의 것처럼 부당하게 사용하거나 외국어로 된 저작물을 번역한 후 출처 표시 없이 사용하는 것도 표절의 범주에 포함된다.

표절과 관련하여 연구자 본인이 이전에 출판한 저작물의 내용을 적절한 출처를 밝히지 않고 다시 활용하는 '자기표절'도 최근 논란이 되고 있다. 연구자는 자신만의 연구 분야를 구축하는 과정에서 관심 주제에 대해 다양한 논문을 출판하고, 그 과정에서 자신이 이전에 발표한 논문의 내용이나 표현을 일정 부분 반복하여 제시할 수 있다. 하지만 이 경우에도 연구자는 출처를 명확하게 제시해야 하며, 그렇지 않을 경우 '중복게재'에 해당될 수 있다.

표절에 대한 학계와 사회적 관심이 고조되면서 다양한 표절 검색 프로그램이 개발되어 사용되고 있다. 대표적인 표절 검색 프로그램으로는 턴잇인(Turnitin), 카피킬러(Copy Killer), 크로스체크(CrossCheck) 등이 있으며, 한국연구재단에서도 KCI 문헌 유사도 검사를 개발하여 제공하고 있다.

④ 부당한 저자 표시

논문의 저자는 연구에 실질적인 공헌을 한 사람을 의미한다. 저자의 자격 기준에 대해서는 다양한 논의가 있으나, *아동학회지*에서는 저자의 자격으로 다음의 네 가지 기준을 제시하고 있다. 첫째, 연구의 기획이나 설계, 자료 수집, 자료의 분석 혹은 해석 등에 상당 부분 기여해야 한다. 둘째, 논문의 초안을 작성하거나 주요 내용을 수정하는 데 결정적으로 참여해야 한다. 셋째, 출판될 논문을 최종적으로 승인해야 한다. 넷째, 연구의 정확성이나 진실성과 관련한 문제가 제기될 경우, 관련 문제가 적절하게 조사되고 해결되도록 연구의 모든 부분에 책임질 것을 동의해야 한다. 이러한 네 가지 기준을 모두 만족할 경우에 저자로서 자격을 갖는다. 이외 논문에는 참여하지 않고 단순히 자료나 연구 장비 등을 제공해 주었거나 자료 수집 과정에만 참여하여 도움을 준 사람에게는 사사(acknowledgements)를 하는 정도로 예우해 주는 것이 바람직하다.

연구윤리 확보를 위한 지침에서 제시하고 있는 '부당한 저자 표시'에는 연구내용이나 결과에 대한 공헌 또는 기여가 없음에도 저자 자격을 부여하거나 연구내용이나 결과에 대한 공헌 또는 기여가 있음에도 저자 자격을 부여하지 않는 경우가 포함된다. 일반적으로 흔히 발생하는 부당한 저자로는 선물저자(논문 작성에 기여하지 않은 자를 저자에 포함시키는 경우), 유령저자(연구에 중요한 기여를 하였지만 저자에서 제외하는 경우), 교환저자(서로 자기 논문에 기여하지 않은 상대방을 포함시키는 경우), 도용저자(논문의 채택 가능성을 높이기 위해 연구에 참여하지 않은 유명인사를 저자에 포함시키는 경우) 등이 있다.

⑤ 부당한 중복게재

중복게재는 자신이 이전에 출판한 논문의 상당 부분이나 전부를 자국어나 외국어로 다른 학술지에 중복 발표하는 것이다. 학술지에 발표한 논문을 모아 저서로 출판하는 경우에는 중복게재로 간주하지 않지만, 이 경우에도 각 논문에 대한 출처는 정확하게 제시해야 한다. 특히 '부당한 중복게재'는 중복게재의 결과로 연구비를 수령하거나 별도의 연구업적으로 인정받는 경우 등의 부당한 이익을 얻는 행위이다. 중복게재는 논문이 처음 발표된 학회의 저작권을 침해할 뿐만 아니라, 동일한 내용이 여러 학술지에 게재될 경우에는 그 주제에 관한 결과가 과대평가될 수도 있어 비윤리적인 연구행위라고 할 수 있다. *아동학회지*에서는 논문투고 시 투고 논문이 다른 학술지에 발표되지 않아야 한다는 점을 명시하고 있다. 만일 논문이 중복게재로 판명될 경우에는 게재 거부되며 관련 연구자에게 다양한 제재가 가해진다.

⑥ 연구부정행위에 대한 조사 방해 행위

각 기관에서는 연구부정행위를 사전에 예방하고 연구부정행위가 의심될 경우에 공정하고 체계적으로 이를 조사하기 위해 연구진실성위원회를 설치하여 운영하고 있다. 한국아동학회도 편집이사를 포함하여 7인 이상으로 구성된 연구윤리위원회를 설치하여 운영하고 있다. 연구부정행위가 감지되거나 제보되면 각 기관에 설치된 위원회는 이를 조사하게 된다. 이때, 본인 또는 타인의 연구부정행위에 대한 조사를 고의로 방해하거나 제보자에게 위해를 가하는 행위도 연구부정행위로 간주된다.

(3) 연구부정행위의 검증 및 처리

연구부정행위의 검증 및 처리는 각 기관의 연구윤리규정을 따른다. 여기에서는 한국아동학회의 연구윤리규정(부록 3 참조)을 중심으로 연구부정행위가 의심될 경우 검증 및 처리 과정을 살펴보고자 한다. 연구부정행위가 의심될 경우 제보자는 한국아동학회 사무국 또는 편집위원회 사무국으로 직접 또는 전화, 서면, 이메일 등으로 제보할 수 있다. 제보자는 실명으로 제보하는 것이 원칙이지만, 구체적인 연구부정행위의 내용과 증거를 포함하여 서면 또는 이메일로 제보할 경우에는 익명으로도 가능하다. 제보가 구체적이고 상당한 의혹이 있는 것으로 판단될 경우 위원회는 연구부정행위에 대해 예비조사위원회와 본조사위원회를 구성하여 조사한다. 이 과정에서 제보자, 피조사자, 증인, 참고인에 대한 출석이나 자료 제출이 요구될 수 있다. 위원회는 이의 제기 또는 소명의 내용을 토대로 조사내용과 절차를 확정하고, 재적위원 과반수 출석과 출석위원 3분의 2 이상의 찬성으로 연구부정행위를 판정한다.

위원회는 조사결과에 대한 위원회의 결정을 서면으로 제보자 및 피조사자 등 관련자에게 즉시 통지하여야 한다. 조사결과 연구부정행위로 판정될 경우에는 해당 논문의 게재를 불허하며, 게재된 논문인 경우에는 학술지 논문목록에서 삭제한다. 또한 게재취소 사실을 학회 홈페이지와 학술지를 통하여 학회 회원 및 관련 학술기관에 공지하고, 회원자격의 박탈 또는 정지 등의 다양한 제재를 가한다. 조사결과 연구부정행위가 드러나지 않을 경우 위원회는 피조사자의 명예회복을 위해 노력하는 등 적절한 후속조치를 취할 수 있다.

연구진실성위원회는 연구부정행위의 검증 과정에서 제보자와 피조사자의 권리나 명예가 침해되지 않고 신원이 노출되지 않도록 주의해야 한다. 그러나 제보자가 허위 내용을 제보했을 경우에는 보호 대상에 포함되지 않으며, 피조사자에 대한 명예 훼손 등으로 인한 법적 문제까지 야기될 수 있기 때문에 제보자의 권리뿐 아니라 책임도 강조되어야 한다.

2) 인간대상 연구윤리

(1) 역사적 배경

인간을 대상으로 하는 연구에서 가장 중요한 것은 연구대상자의 권익을 보장하고 연구대상자를 보호하는 것이다. 인간대상 연구윤리와 관련하여 역사적으로 많이 거론되는 문건은 '뉘른베르크 강령(Nuremberg Code)', '헬싱키 선언(Declaration of Helsinki)', '벨몬트 보고서(Belmont Report)'로, 각 문건은 인간대상 연구에서 지켜야 할 윤리규정들을 밝히고 있다.

① 뉘른베르크 강령

제2차 세계 대전이 끝나고 전후 처리 과정에서 전쟁포로나 민간인을 대상으로 나치 독일의사들이 집단적으로 인체 실험을 실시한 사실이 드러나면서 전 세계를 경악하게 하였다. 이러한 실험에 참여한 20명의 의사와 3명의 의료행정자(administrator)를 대상으로 1945~1946년 뉘른베르크에서 전범재판이 실시되었으며, 이들 중 16명에게 유죄 판결이 내려졌다. 1947년 뉘른베르크 재판부는 이러한 비윤리적이고 비극적인 인체실험이 다시는 발생하지 않도록 하기 위하여 인간이 실험연구의 대상이 될 때 지켜야 하는 10가지 윤리 규정을 포함한 '뉘른베르크 강령'을 제시하였다. 이 중 핵심이 되는 사항이 연구대상자의 실험 참여에 대한 자발적 동의를 강조한 부분이다.

② 헬싱키 선언

뉘른베르크 강령이 재판 과정에서 만들어진 것이라면 '헬싱키 선언'은 의사들이 직접 그 필요성을 느껴 제정되었다. 1964년 핀란드 헬싱키에서 열린 세계의사협회에서 채택되었으며, 2008년 제59회 세계의사협회 총회에서 6차 개정이 이루어졌다. 헬싱키 선언은 뉘른베르크 강령으로부터 많은 영향을 받았지만, 가장 큰 차이점은 건강한 연구대상자에 대한 실험에서 지켜야 할 윤리적 원칙이 환자를 대상으로 하는 실험에서도 준수되어야 한다는 것을 강조한 부분이다. 특히 아동이나 인지적 결함이 있는 성인 등 법적으로 자기결정능력이 인정되지 못하는 대상의 경우 법정대리인의 동의를 얻어야 한다는 점을 명시하였다.

③ 벨몬트 보고서

미국 공중보건국에 의해 1932~1972년까지 40여 년 동안 실시된 '터스키기 매독 연구(Tuskegee Syphilis Study)'의 비윤리성이 1972년 언론에 폭로되면서 미국 사회에 커다란 파문을 일으켰다. 터스키기 매독 연구는 빈곤층 흑인 매독환자 600명을 대상으로 40년 동안 매독의 경과를 살펴본 연구다. 연구가 진행되는 도중에 매독의 치료제인 페니실린이 개발되었지만, 이에 대한 정보를 연구대상자들에게 제공하지 않았으며, 지역병원과 보건소에 이들을 치료하지 못하도록 조치하였음이 밝혀졌다. 이에 미국 의회는 1973년 '생의학 및 행동과학 연구 실험대상자의 보호를 위한 국가위원회'를 설립하고, 인간 대상의 연구에서 지켜야 할 원칙으로, 인간 존중의 원칙, 선행의 원칙, 정의의 원칙 세 가지를 강조한 '벨몬트 보고서'를 발표하였다. '인간 존중(respect for persons)'의 원칙은 연구의 대상이 되는 인간은 자율적 존재로 대우받아야 하며, 자율적 능력이 부족한 대상은 이에 대한 보호를 받아야 한다는 것이다. '선행(beneficence)'의 원칙은 연구대상자에게 이익을 극대화하고 위험을 최소화하여야 한다는 것을 의미한다. 마지막으로 '정의(justice)'의 원칙은 연구 대상자 선정이 공정해야 하며, 연구로 인한 이익과 부담 또한 동등하게 분배되어야 한다는 것을 뜻한다.

(2) 인간대상연구의 범위

"생명윤리 및 안전에 관한 법률"(2015. 12. 29. 법률 제13651호) 제2조 제1호에서는 인간을 대상으로 물리적으로 개입하거나, 의사소통이나 대인접촉 등의 대인 간 상호작용을 통하여 수행하는 연구 또는 개인을 식별할 수 있는 정보를 이용하는 연구를 인간대상연구로 정의하고 있다(Figure 9 참조). 인간대상연구의 대상이 되는 사람을 연구대상이라 지칭한다. 아동학의 경우 부모-자녀 관계나 또래 관계 등 대인 간 의사소통이나 대면 접촉 등의 상호작용을 관찰, 설문조사, 인터뷰 등의 방법으로 연구하는 경우가 많다. 또한 이러한 과정에서 성명, 전화번호, 이메일 등의 개인식별정보를 이용하거나 수집하는 경우가 많기 때문에, 대부분의 아동학 연구는 인간대상연구에 해당한다.

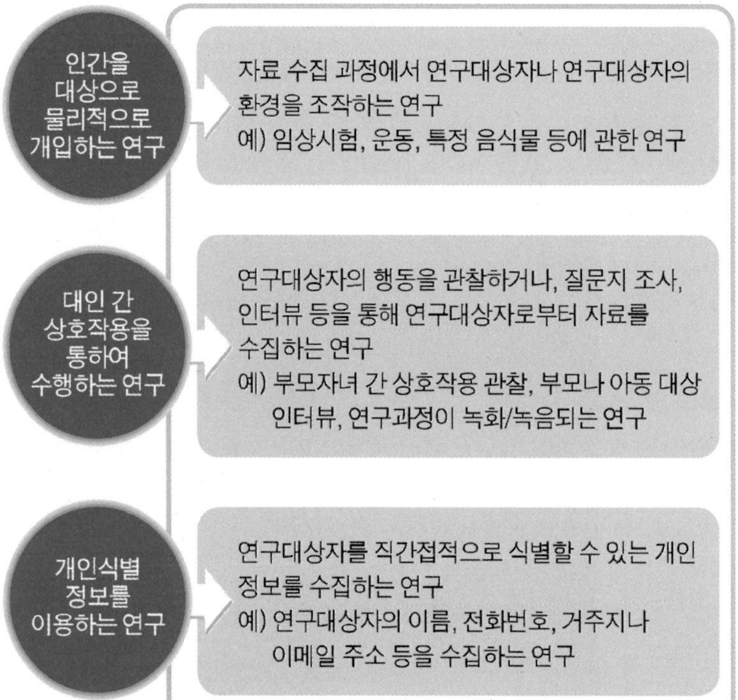

Figure 9. 인간대상연구의 범위.

(3) 기관생명윤리위원회

기관생명윤리위원회(Institutional Review Board [IRB])는 인간대상연구에 참여하는 연구대상의 권리, 안전, 복지를 보호하기 위해 교육, 연구기관이나 병원 등의 연구 수행기관 내에 독립적으로 설치한 상설위원회다. 인간을 대상으로 하는 연구를 계획하고 수행하려는 연구자는 연구를 수행하기 전에 IRB의 심의를 거쳐 승인을 받아야 한다. IRB는 그 기관에 속한 연구자들이 수행하는 모든 연구의 윤리적인 면을 심의하고 검토할 책임을 지는 전문위원들로 구성되며, 연구계획의 윤리적, 과학적 타당성, 연구대상자로부터 적법한 절차에 따라 동의를 받았는지 여부, 연구대상자의 안전에 관한 사항, 연구대상자의 개인정보 보호 대책 등을 심의한다. 또한 해당 기관에서 승인된 연구의 수행 과정 및 결과에 대한 조사 및 감독을 실시하며, 이외에도 해당 기관의 연구자 및 종사자 교육, 취약한 연구대상자에 대한 보호 대책 수립, 연구자를 위한 윤리지침 마련 등의 업무를 수행한다.

① IRB 심의 대상 범주

모든 인간대상연구가 IRB 심의 대상은 아니지만, 인간대상연구 중 최소위험을 넘고, 취약한 연구대상을 포함하며, 개인식별정보를 수집하여 기록할 경우에는 IRB 심의를 반드시 받아야 한다. '최소위험' 여부는 연구로 인하여 발생할 수 있는 위험이 일상적인 생활에서 우연히 발생하는 손상이나 불편함의 정도를 벗어나는지 여부로 판단된다. 예를 들어, 아동대상연구에서 실험실 상황에서 관찰법이나 면접법을 실시할 경우, 부모로부터 일시적으로 분리되어 연구자와 과제를 수행할 수 있다. 이때 낯선 연구자와 과제를 수행함으로 인해 심리적 스트레스를 경험하거나, 과제 수행으로 인한 육체적, 정신적 피로도 등을 경험할 가능성이 있다. 이러한 스트레스가 일상생활에서 발생하는 손상이나 불편감의 정도를 넘을 경우에는 최소위험 이상으로 판단되어, IRB 심의에 회부된다. '취약한 연구대상자'는 조직에서의 위계관계나 자율성, 인지 능력 등의 부족으로 자발적인 참여

결정 능력에 제한이 있는 대상자들을 의미한다. 만 18세 미만의 미성년자는 취약한 연구대상자에 포함되기 때문에 대부분의 아동학 연구는 IRB 심의가 필수적이다. 마지막으로 '개인식별정보'는 연구대상자의 성명, 주민등록번호, 이메일, 주소 등을 의미하며, 이러한 정보를 수집하는 연구는 IRB 심의 대상이 된다.

② IRB 심의 시 제출 서류

IRB 심의를 받기 위해서는 관련 기관에서 요구하는 서류를 구비하여 IRB 사무국에 제출해야 한다. 특히 연구대상이 18세 미만이거나 인지 능력에 현저한 장애가 있는 경우 등과 같이 스스로 동의 능력이 없는 경우에는 법정대리인의 동의를 받아야 한다. 동의서에는 연구의 목적, 연구대상의 참여 기간, 절차 및 방법, 연구대상에게 예상되는 위험 및 이득, 연구 참여에 따른 손실에 대한 보상, 개인정보 보호와 제공에 관한 사항, 동의 철회에 관한 사항 등을 포함시켜야 한다(Figure 10 참조). 예를 들어, 연구에 참여하면서 아동이 신체적, 정신적 스트레스를 다소 경험할 수 있다면 이를 완화하기 위하여 어떠한 조치(예: 휴식시간, 연구자와의 관계형성 시간 가지기 등)를 취할 것인지 제시해야 한다. 또한 연구동의서는 연구대상이 이해하기 쉬운 언어로 적어야 하며, 대중적으로 사용되지 않는 학문적 용어는 지양되어야 한다. 이외 IRB 심의 시 제출해야 하는 서류에는 생명윤리준수서약서, 이해상충공개서, 연구자 이력서, 연구계획서 및 요약서, 연구도구, 연구비 산정내역서(연구비를 지원받을 경우에만 제출), 연구대상 모집 문건, IRB 교육 이수증 등이 있다. 이 중 연구대상자 모집 문건에는 연구의 목적, 참여 대상 및 포함 기준, 연구절차 및 참여시간, 문의처 등이 포함되어야 한다(Figure 11 참조).

연구 참여 설명문 및 동의서

안녕하세요?

저는 한국연구재단의 지원으로 "유아기 자녀를 둔 어머니가 지각한 사회적 지지가 양육스트레스에 미치는 영향"이라는 주제로 연구를 실시할 예정입니다. 아래의 내용을 잘 읽으시고 연구 참여 여부를 결정해 주시기 바랍니다.

1. 연구의 목적
본 연구의 목적은 유아기 자녀를 둔 어머니가 지각한 사회적 지지가 양육스트레스에 미치는 영향을 살펴보는 것입니다.

2. 연구대상자와 연구절차 및 방법
* 연구대상자: 연구 참여에 동의한 유아기 자녀를 둔 어머니 200명
* 연구절차 및 방법: 연구대상자가 지각한 사회적 지지와 양육스트레스에 관한 질문지를 작성하게 됩니다. 질문지 작성에는 15~20분 정도가 걸릴 것으로 예상됩니다.

3. 연구대상자에게 예상되는 위험 및 이득
본 연구에 참여함으로써 연구대상자에게 미칠 수 있는 위험은 연구에 참여함으로 인한 시간적 손실과 가벼운 육체적 피로를 들 수 있습니다. 이 연구에 참여함으로써 연구대상자는 자신이 현재 경험하고 있는 사회적 지지와 양육스트레스에 관해 점검해 볼 수 있습니다.

4. 연구 참여에 따른 손실에 대한 보상
어머니의 연구 참여로 인한 시간적 손실을 보상하기 위하여 1만 원의 참가비를 드릴 것입니다.

5. 개인정보 보호에 관한 사항
연구대상자의 개인정보는 이메일 주소 외에는 요청되지 않을 것입니다. 각 연구대상자에게는 숫자와 문자로 구성된 아이디 번호를 할당하여 연구과정에서 익명성을 보장할 것이며, 모든 자료와 파일은 ○○대학교의 안전한 연구실 내 연구책임자 만이 접근 가능한 자물쇠가 있는 서류함에 보관될 것입니다. 개인정보(이메일 주소)는 연구종료 시 즉시 폐기될 것이며, 모든 연구 자료 및 파일은 생명윤리법에 근거하여 연구종료 후 3년 동안 자물쇠가 있는 서류함에 보관한 후 그 이후에는 분쇄기를 이용하여 폐기될 것입니다. 또한 연구결과가 논문 등을 통해 공개되더라도 연구대상자 각각에 대한 정보는 절대로 드러나지 않고 비밀로 유지될 것입니다.

6. 개인정보 제공에 관한 사항
본 연구를 통해 획득한 개인정보는 본 연구의 목적에만 사용되고 2차적 사용을 위해 다른 연구자에게 제공되는 일은 절대 없을 것입니다.

7. 동의의 철회에 관한 사항
참여 여부는 전적으로 연구대상자의 결정에 따르며, 참여 거부에 따른 불이익은 전혀 없습니다. 또한 연구대상자가 참여하기로 결정한 경우에도, 언제든지 자유롭게 중단할 수 있으며, 이 경우 아무런 불이익도 받지 않을 것입니다. 연구가 완료되기 전 중단하고 싶으실 경우 아래 제시된 연구책임자의 이메일이나 전화로 언제든지 동의 철회 의사를 알려주십시오. 동의를 철회하실 경우 그때까지 수집된 모든 자료는 폐기될 것이며, 질문지 작성을 완료하셨다면 동의 철회 여부에 상관없이 소정의 참가비를 제공할 것입니다.

이 연구에 대해 추가로 궁금한 것이 있으시면 아래의 이메일이나 전화로 연락을 주시면 최대한 신속하게 답변해 드리겠습니다. 참여에 동의해 주시면 아래에 연구대상자의 이름을 적고 서명하여 주십시오. 서명 후 동의서의 사본을 드리도록 하겠습니다. 감사합니다.

○○대학교 ○○학과 ○○○
E-mail: [이메일 주소]
전화: 02-1234-5678

이 연구의 윤리적 측면에 대한 부분이나 연구대상자의 권리 보호와 관련한 질문이 있는 경우 ○○대학교 생명윤리위원회로 연락 주시기 바랍니다(02-1111-2222, [이메일 주소]). 생명윤리위원회는 현행 "생명윤리 및 안전에 관한 법률"에 근거하여 설치, 구성, 운영되고 있는 위원회로 보건복지부 및 질병관리본부에서 동법에 근거하여 생명윤리위원회를 조사, 감독할 수 있으며 위원회가 심의하는 연구와 관련한 자료를 열람할 수 있습니다.

연구의 목적과 내용, 방법 및 절차, 발생할 수 있는 위험과 이익에 대해 충분한 설명을 들었으며 이해하였습니다. 이에 자발적으로 연구 참여에 동의합니다.

연구대상자 (서명) 년 월 일

동의획득자 (서명) 년 월 일

Figure 10. 연구동의서의 예.

연구대상자 모집

유아기 자녀를 둔 어머니의 사회적 지지와
양육스트레스에 관한 연구

- **연구목적**: 유아기 자녀를 둔 어머니가 지각하는 사회적 지지가 양육스트레스에 미치는 영향을 살펴봄
- **연구대상**: 유아기 자녀를 둔 어머니 200명
- **연구기간**: ○○○○년 ○○월 ○○일~○○○○년 ○○월 ○○일
- **연구 참여 절차 및 방법**: 유아기 자녀를 둔 어머니가 지각하는 사회적 지지와 양육스트레스에 관한 질문지 작성 (15~20분 정도 소요)
- **참여 시 혜택**: 1만 원의 사례비 지급
- **연구책임자**: ○○대학교 ○○ 학과 ○○○ 교수
- **신청 및 문의**: ○○○ ([전화번호], [이메일])

Figure 11. 연구대상자 모집 문건의 예.

③ IRB 심의 절차

IRB 심의는 정식심의, 신속심의, 심의면제로 구분되며, 취약한 연구대상이 포함될 경우에는 정식심의에 회부된다. 심의에 대한 최종 결정은 IRB에서 이루어지기 때문에 심의면제 여부도 연구자가 서류를 제출하면 IRB에서 검토하여 판단한다. 일단 심의에 회부되면 정식심의와 신속심의 여부가 다시 결정되는데, 연구

의 위험이 최소위험을 넘고, 취약한 연구대상자가 포함되며, 중대한 위반이나 생명윤리 및 안전 관련 중대한 위해가 발생할 수 있다면 정식심의에 회부된다. 특히 아동은 대표적인 취약한 연구대상자로 만 18세 미만의 경우 법정대리인의 서면동의 획득이 요구되므로 아동대상 연구라면 정식심의의 대상이 된다. 심의 결과는 승인, 조건부 승인, 수정 후 재심의, 보류, 반려 등으로 이루어지며, 결정이 내려지면 사무국에서 연구자에게 서면으로 통지한다.

기관생명윤리위원회 승인 후 연구계획이 변경될 경우에는 이 부분에 대한 재승인을 받아야 한다. IRB의 승인 유효 기간은 1년이며, 1년을 초과하는 연구과제인 경우에는 지속심의를 받아야 한다. 또한 연구가 종료된 후에는 종료보고와 결과보고를 하여야 한다. 종료보고서를 제출할 때에는 연구결과뿐 아니라 연구대상자로부터 획득된 동의서를 함께 제출하여야 한다.

2. 논문출판

연구자가 연구결과를 발표하는 것은 학술연구 수행 및 논문작성의 궁극적인 목표이며 사회적 책무라 할 수 있다. 논문의 발표는 주로 학술대회나 논문출판을 통해 이루어진다. 여기에서는 국내 및 국외 학술지에 논문을 출판하는 과정에 초점을 두어, 학술지 검색 및 선정, 논문투고 및 심사 과정, 심사 후 과정으로 구분하여 살펴보고자 한다.

1) 학술지 검색 및 선정

논문출판의 첫 과정은 논문을 출판할 학술지를 선정하는 것이다. 연구자는 다양한 학술지 중 자신의 논문의 주제와 관심사가 가장 잘 맞는 학술지가 무엇인지 검색해야 한다.

(1) 학술지 검색

① 학술 데이터베이스

학술 데이터베이스(Database [DB])는 주제별로 발표되는 연구결과(예: 학술지 논문, 서적, 학술대회 발표 자료 등)의 서지정보를 색인하여 통합적으로 검색하는 것을 돕는 도구다. 학술 DB에 포함된 색인 대상 학술지는 주제별 전문가에 의하여 선정된다. 이때 색인어 부여 및 주제 분류도 함께 이루어지기 때문에 신뢰성이 높은 정보를 얻을 수 있다. 학술 DB에서 키워드로 관련 논문을 검색할 경우, 서지정보(예: 서명, 저자, 출판사, 출판연도, 수록학술지명, 수록권과 호 등)뿐 아니라, 대부분의 경우 논문의 전문(full-text)까지 함께 제공한다. 대부분의 대학교 도서관들은 각 학문 분야별 학술정보에 대한 전자 데이터베이스를 소장하고 있다. 또한 대학교 도서관 간의 연계도 활발하게 이루어지고 있어 연구자들은 한층 수월하게 학술 DB를 검색할 수 있다. 아동학 관련 국내외 주요 학술 DB는 Table 9에 제시되어 있다. 이외 국내외 학위 논문 검색을 위한 DB들도 존재한다. 이 중 국내 석박사 학위 논문은 국회전자도서관이나 RISS에서, 해외 학위 논문은 DDOD (Digital Dissertations On Demand)나 ProQuest Dissertations & Theses에서 검색할 수 있다.

Table 9.

아동학 관련 국내외 주요 학술 데이터베이스(DB)

	DB명	DB 내용
국내	교보문고 스콜라	국내 학술지 논문 원문 제공
	학지사 뉴논문	
	DBpia	
	KISS	
	RISS	국내외 학술지 논문 원문 제공
국외	Academic Search Complete	인문사회, 자연과학, 공학 등 전 분야의 주요 논문 정보 및 일부 원문 제공
	Applied Social Sciences Index and Abstracts (ASSIA)	사회과학 전 분야에 대한 논문 정보 제공
	ERIC	교육학 저널 논문 및 보고서에 대한 정보 제공
	JSTOR	인문, 예술, 사회과학 분야 및 생명과학, 자연과학 분야 핵심 저널 원문 제공
	PsycARTICLES	미국심리학회에서 제공하는 심리학 및 정신분석학 분야의 저널 원문 제공
	PsycINFO	심리학과 관련된 저널, 단행본, 보고서 등의 정보 제공
	PubMed	임상/실험의학, 치의학, 간호학, 보건행정, 영양학 등 의학 관련 논문 정보 제공

② 인용색인 데이터베이스

인용색인이란 저자명이나 논문명을 색인어로 하여 그 논문이 다른 논문에서 인용되었는지를 검색하기 위한 색인을 말한다. 인용색인 DB는 하나의 문헌을 시작으로 과거, 현재, 미래의 인용관계를 동시에 검색할 수 있도록 한다. 그 결과 연구자는 다양하고 새로운 연구문헌을 탐색하게 되어 새로운 연구주제를 창출할 수 있다. 인용색인 DB는 논문 간 인용관계를 활용하여 검색하기 때문에, 주제어를 색인화하여 논문을 검색하는 기존의 학술 DB에서 검색되지 않는 논문들을 찾아낼 수 있다는 장점이 있다.

인용색인 DB는 인용 검색(citation search)과 유사 기록 검색(related record search)을 동시에 진행한다. 인용 검색은 논문의 참고문헌에 수록되어 있는 논문들 간의 인용관계를 바탕으로 관련문헌을 탐색하는 방법으로, 검색한 논문에서 참고로 한 연구들(과거 인용논문)과 검색한 논문을 참고한 연구들(미래 인용논문)을 함께 제시해 준다. 반면 유사 기록 검색은 같은 자료를 인용한 두 건의 논문이 유사한 주제의 연구결과를 수록하고 있을 것이라는 가정으로 자료를 탐색한다. 따라서 두 논문 간 인용관계가 없어도 두 논문의 과거와 미래 인용논문을 탐색하여 유사한 논문들을 탐색한다.

대표적인 인용색인 DB로는 Thomson Reuters에서 제공하는 Web of Science (WOS), Elsevier 출판사에서 제공하는 SCOPUS, 한국연구재단에서 관리하는 한국학술지인용색인(Korean Citation Index [KCI]), 그리고 전 세계 주요 학술지를 평가할 수 있는 체계적이고 객관적 정보를 제공하는 JCR (Journal Citation Reports)이 있다. 최근에는 Google에서도 Google Scholar를 통해 논문 검색 시 다양한 인용정보를 제공하고 있다. 이 중 대표적인 인용색인인 WOS, SCOPUS, KCI에 관해 살펴보면 다음과 같다.

WOS에서는 각 주제별로 우수한 연구결과를 수록하고 있다고 평가되는 학술지의 논문들을 색인하여, 색인된 논문 속 참고문헌들 간의 관계를 분석하여 인용관계를 파악한다. WOS는 SCI/SCIE (Science Citation Index/SCI Expanded), SSCI (Social Science Citation Index), A&HCI (Arts & Humanities Citation Index)의 세 분야로 인용색인을 구분한다. SCI/SCIE는 과학기술 분야, SSCI는 사회과학 분야, A&HCI는 인문, 예술 분야 인용색인으로, 아동학 관련 국외 유수 저널은 대부분 SSCI에 색인되어 있다.

SCOPUS는 WOS와 유사한 인용색인 DB로, 과학, 기술, 의학, 사회과학 분야의 학술지를 수록하고 있는 세계 최대의 초록, 인용 DB이다. WOS와 마찬가지로,

SCOPUS에서도 주제어로 검색 시 관련 논문들이 검색될 뿐 아니라 각 논문의 과거, 현재, 미래 인용 논문들과, 유사 분야의 논문들을 함께 제시해 준다. 마지막으로, KCI는 국내 학술단체가 발간하는 학술지를 대상으로 한국연구재단에서 관리하는 한국학술지인용색인으로, 학술지 정보, 게재 논문 정보 및 참고문헌을 DB화하여 논문 간 인용관계를 분석한다. KCI에서는 학술지를 등재후보학술지, 등재학술지, 우수등재학술지로 구분하며, *아동학회지*는 KCI 등재학술지다.

(2) 학술지 선정

학술지 검색의 다음 단계는 검색한 학술지 중 좀 더 신뢰롭고 영향력이 큰 학술지를 선정하는 것이다. 학술지를 평가하는 데에는 다양한 기준들이 있는데, 아동학 관련 학술지의 경우 국외학술지는 SSCI와 SCOPUS에, 국내 학술지는 KCI에 등재되어 있는지 여부를 확인해 볼 수 있다. KCI 홈페이지(www.kci.go.kr)에서는 SSCI, SCOPUS, KCI 등재 학술지 목록을 제공하고 있으며, 각 인용색인 DB 홈페이지에서도 해당 학술지를 검색하여 등재 여부를 확인할 수 있다.

학술지를 평가하는 또 다른 방법은 학술지에 수록된 논문들의 인용횟수에 기반을 둔 다양한 평가지수를 살펴보는 것이다. 예를 들어, Thomson Reuters에서는 인용색인 DB인 JCR을 통해, 다양한 평가지수들을 매년 산출하여 제공하고 있다. 대표적인 것이 영향력 지수(Impact Factor [IF])로, 이는 해당 학술지에서 지난 2년간 발행된 논문이 해당 연도에 인용된 수의 평균값을 의미한다. 이외에도 JCR에서는 해당 학술지에서 해당 연도에 발행된 논문이 그 발행연도에 인용되는 수를 의미하는 즉시성 지수(Immediacy Index)와 IF에 근거하여 각 학문영역별 해당 학술지의 순위를 제공한다. 예를 들어, JCR 홈페이지에서 *Child Development*를 검색해 보면 2015년 기준 영향력 지수인 IF는 3.791, 즉시성 지수는 0.50으로 제시되어 있으며, Psychology, Educational 분야에서는 등재된 57개의 학술지 중 2위, Psychology, Developmental 분야에서는 등재된 69개의 학술지 중 7위에 랭

크되어 있음을 알 수 있다(Figure 12 참조). KCI의 경우에도 JCR과 마찬가지로 영향력 지수, 한국형 인용지수(Kor-Factor), 즉시성 지수, 자기인용제외지수(ZIF)와 같은 인용지수를 산출하여 제공한다.

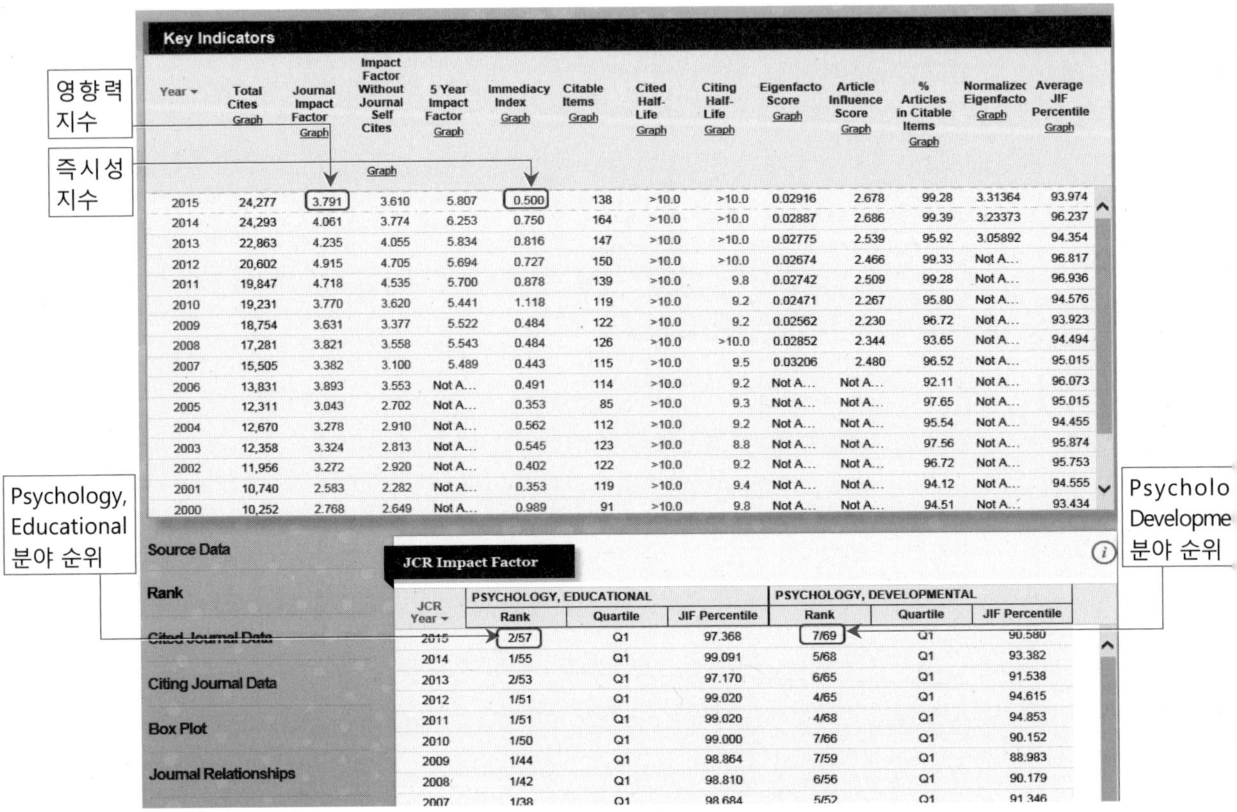

Year	Total Cites	Journal Impact Factor	Impact Factor Without Journal Self Cites	5 Year Impact Factor	Immediacy Index	Citable Items	Cited Half-Life	Citing Half-Life	Eigenfacto Score	Article Influence Score	% Articles in Citable Items	Normalizec Eigenfacto	Average JIF Percentile
2015	24,277	3.791	3.610	5.807	0.500	138	>10.0	>10.0	0.02916	2.678	99.28	3.31364	93.974
2014	24,293	4.061	3.774	6.253	0.750	164	>10.0	>10.0	0.02887	2.686	99.39	3.23373	96.237
2013	22,863	4.235	4.055	5.834	0.816	147	>10.0	>10.0	0.02775	2.539	95.92	3.05892	94.354
2012	20,602	4.915	4.705	5.694	0.727	150	>10.0	>10.0	0.02674	2.466	99.33	Not A...	96.817
2011	19,847	4.718	4.535	5.700	0.878	139	>10.0	9.8	0.02742	2.509	99.28	Not A...	96.936
2010	19,231	3.770	3.620	5.441	1.118	119	>10.0	9.2	0.02471	2.267	95.80	Not A...	94.576
2009	18,754	3.631	3.377	5.522	0.484	122	>10.0	9.2	0.02562	2.230	96.72	Not A...	93.923
2008	17,281	3.821	3.558	5.543	0.484	126	>10.0	>10.0	0.02852	2.344	93.65	Not A...	94.494
2007	15,505	3.382	3.100	5.489	0.443	115	>10.0	9.5	0.03206	2.480	96.52	Not A...	95.015
2006	13,831	3.893	3.553	Not A...	0.491	114	>10.0	9.2	Not A...	Not A...	92.11	Not A...	96.073
2005	12,311	3.043	2.702	Not A...	0.353	85	>10.0	9.3	Not A...	Not A...	97.65	Not A...	95.015
2004	12,670	3.278	2.910	Not A...	0.562	112	>10.0	9.2	Not A...	Not A...	95.54	Not A...	94.455
2003	12,358	3.324	2.813	Not A...	0.545	123	>10.0	8.8	Not A...	Not A...	97.56	Not A...	95.874
2002	11,956	3.272	2.920	Not A...	0.402	122	>10.0	9.2	Not A...	Not A...	96.72	Not A...	95.753
2001	10,740	2.583	2.282	Not A...	0.353	119	>10.0	9.4	Not A...	Not A...	94.12	Not A...	94.555
2000	10,252	2.768	2.649	Not A...	0.989	91	>10.0	9.8	Not A...	Not A...	94.51	Not A...	93.434

JCR Year	PSYCHOLOGY, EDUCATIONAL			PSYCHOLOGY, DEVELOPMENTAL		
	Rank	Quartile	JIF Percentile	Rank	Quartile	JIF Percentile
2015	2/57	Q1	97.368	7/69	Q1	90.580
2014	1/55	Q1	99.091	5/68	Q1	93.382
2013	2/53	Q1	97.170	6/65	Q1	91.538
2012	1/51	Q1	99.020	4/65	Q1	94.615
2011	1/51	Q1	99.020	4/68	Q1	94.853
2010	1/50	Q1	99.000	7/66	Q1	90.152
2009	1/44	Q1	98.864	7/59	Q1	88.983
2008	1/42	Q1	98.810	6/56	Q1	90.179
2007	1/38	Q1	98.684	5/52	Q1	91.346

Figure 12. Child Development 2015년 영향력 지수(IF), 즉시성 지수 및 순위.

평가지수들은 각 학술지의 인지도 및 영향력을 어느 정도 반영하고 있지만, 연구자는 평가지수뿐 아니라 이외 다양한 요소들을 고려하여 학술지를 선정해야 한다. 예를 들어, 논문이 적절한 독자들에게 노출되기 위해서는 논문의 주제가 학술지에 적합한지 살펴봐야 한다. 주제 적합성을 살펴보기 위해 각 학술지가 추구하는 목적 및 포함하는 학문 범위나, 해당 학술지에 기존에 수록된 논문들을 확인할 수 있다. 또한 자신의 연구에 참고한 선행연구들이 주로 발표된 학술지가 무엇인지 살펴봄으로써 적절한 학술지를 탐색해 볼 수 있다. 이외에도 연구결과가 신속히 발표될 필요가 있는 분야라면 학술지 투고에서 출판까지 걸리는 시간을 고려하여 학술지를 선정할 수 있다.

2) 논문투고 및 심사 과정

학술지가 선정되면 논문투고, 논문심사(peer review), 결과 통보의 과정을 거친다. 각 과정에 대해 구체적으로 설명하면 다음과 같다.

(1) 논문투고

논문의 주제에 적절한 학술지를 선정하면 투고 과정이 시작된다. 연구자는 각 학술지의 투고 양식에 맞게 논문을 편집해야 하며, 이 과정에서 오타, 띄어쓰기 오류, 본문과 참고문헌 목록 대비 등을 최종 점검해야 한다. 또한 논문심사는 익명으로 진행되므로, 저자와 관련된 정보는 투고 전 모두 삭제해야 한다.

현재 대부분의 학술지는 편집위원회의 이메일이나 온라인투고시스템을 통해 논문을 투고하도록 하고 있다. *아동학회지*의 경우에도 편집위원회에 이메일을 보내거나 온라인투고 시스템(http://submit.childstudies.org)을 통해 논문을 투고할 수 있다. 투고 시 학술지마다 차이는 있으나, *아동학회지*의 경우에는 투고 논문과 함께, 논문투고 신청서(Figure 13)와 저작권이전동의 및 연구윤리확약서(Figure 14), KCI 유사도 검사 상세 결과를 함께 제출하도록 하고 있다. *아동학회지*의 경우 일반심사와 신속심사제를 시행하고 있으며, 일반심사의 투고 마감일은 짝수 달 마지막 날이며, 신속심사의 경우에는 홀수 달 1일부터 발간 예정일 한 달 전까지 투고하도록 하고 있다.

한국아동학회 논문 투고 신청서

한국아동학회에 다음과 같이 논문 투고를 신청합니다.

2016년 월 일

논문 제목	국문 :				
	영문 :				
	Running head(머리말제목, 영어로 10단어 내외):				
저자		성명	소속, 학과 및 직위	E-mail	생년월일
	1				
	2				
	3				
학위논문 (학위논문일 경우 작성)	수여학위	석사 ( ) / 박사 ( )		학위논문 아님 ( )	
	학위수여일자/학교				
	지도교수				
	심사위원				
학술대회발표	학술대회명			미발표 논문 ( )	
	발표일자	년 월 일			
	발표형식	구두( ) / 포스터 전문( ) / 포스터 초록( )			
연구비지원	지원기관			지원받지 않음 ( )	
	지원년도	( ) 년도			
IRB 승인 (필수 아님)	승인번호			IRB 승인 없음 ( )	
KCI유사도 검사결과		%		결과서 첨부함 ( )	
논문구성	총 분량	( ) 매	표와 그림 수	표( ) / 그림( )	
교신저자 연락처	성명		연락처		
	e-mail		이동전화		

* 확인사항 : 아동학회지 투고 규정에 맞게 작성되었습니까?

예______/ 아니요 ______

◆ 아동학회지는 한국학술진흥재단의 등재학술지로 정확한 투고자의 인적사항이 필요합니다.
◆ 위 사항을 빠짐없이 기입하여 주시기 바랍니다.
◆ 모든 공동저자는 연회비를 납입한 회원만 투고 가능합니다.
◆ 신청서 양식은 아동학회지 투고시스템(http://submit.childstudies.org)에 게시되어 있습니다.

한국아동학회편집위원회 귀중

- 논문의 제목을 국문, 영문으로 표기함, Running head는 10단어 이내로 논문의 제목을 함축하여 제시함. → 논문 제목
- 논문의 저자 순으로 성명 및 소속 이메일, 생년월일을 표기 → 저자
- 학위 논문의 부분 혹은 전체로 논문이 작성되었을 경우 표기 → 학위논문
- 투고 전 학술대회에서 발표된 논문이라면 관련 정보를 기입 → 학술대회발표
- 한국연구재단 등의 기관에서 연구비를 지원받아 수행된 논문일 경우 관련 정보를 기입 → 연구비지원
- 연구수행 전 IRB 승인을 받은 연구라면 승인번호를 기입 → IRB 승인
- 표절 예방을 위해 KCI유사도 검사 실시 후 결과 보고 → KCI유사도 검사결과
- 논문의 총 장수와 표, 그림의 개수를 기입 → 논문구성
- 교신저자의 정보 기입 → 교신저자 연락처

Figure 13. 아동학회지 투고 시 논문투고 신청서.

Statement of Copyright Transfer and Publication Ethics Assignment

To: Editor of Korean Journal of Child Studies (KJCS)

Title of the Article : ________________________________

논문의 제목을 영문으로 기입

The article will not be published unless a Copyright & Publication Ethics Assignment Form has been signed and received from the corresponding author and all co-authors.
When published, a manuscript will become the property of KJCS. Copyrights of all published materials are owned by the Korean Association of Child Studies (KACS) and must not be published elsewhere without written permission. Acceptance of the agreement will ensure the widest possible dissemination of information.

In signing this Agreement :

1. You hereby warrant that this article is original work, has been published before and is not being considered for publication elsewhere in its final form either in printed or electronic form;
2. You hereby warrant that you have obtained permission from the copyright holder to reproduce in the article (in all media including print and electronic form) material not owned by you, and that you have acknowledged the source;
3. You hereby warrant that this article contains no violation of any exiting copyright or other third party right or any material of an obscene, indecent, or otherwise unlawful nature and that to the best of your knowledge this article does not infringe the rights of others;
4. You hereby warrant that in the case of a multi-authored article you have obtained, in writing, authorization to enter into this agreement on their behalf and that all co-authors have read and agreed the terms of this Agreement;
5. You warrant that any formula or dosage given is accurate and will not if properly followed injure any person;
6. You will indemnify and keep indemnified KJCS against all claims and expenses (including legal costs and expenses) arising from any breach of this warranty and the other warranties on your behalf in this Agreement.

Author's Name	Signature	Date

모든 저자의 영문명, 서명, 서명일이 기입되어야 함.

Conflict of interest Disclosure Statement

List any potential conflicts of interests of this manuscript (any financial support or benefits have been received by the author(s) that could affect the work reported in the article) or indicate "None."

____

잠재적인 이해상충이 있다면 구체적으로 적고, 그렇지 않을 경우에는 "None"으로 기입함.

Figure 14. 아동학회지 투고 시 저작권이전동의 및 연구윤리확약서.

국외 학술지도 투고 과정은 유사하지만, 논문투고 신청서 대신 자유형식의 첨부 서한(cover letter)을 작성하여 논문과 함께 투고하도록 하는 경우가 많다. 첨부 서한에는 다양한 내용을 포함할 수 있지만 주로 논문의 제목, 표와 그림 수, 논문의 총 페이지 수 등의 구체적인 세부사항과, 동일한 혹은 유사한 데이터를 사용하여 발표된 논문이 있는지 여부, 연구대상을 보호하기 위한 절차가 수행되었는지 여부, 향후 교신을 위한 전화번호, 이메일 주소 등을 포함한다(Figure 15, Figure 16 참조).

[날짜]

Dr. [편집위원장(Editor)의 성]
Editor, *[저널명]*

Dear Dr. [편집위원장(Editor)의 성]:

Attached please find a manuscript titled "[논문제목]" (1 title page; 31 pages text and references; 2 tables). The paper is co-authored by [공동저자명] and is not under consideration for publication by any other journal or volume. Data for the study reported here were collected as part of a larger project. All data were collected in accordance with APA ethical guidelines (written consent from parents or legal guardians for minors was obtained prior to data collection). We believe that the data and results will be of interest to many readers of *[저널명]* and hope that the review process can be speedy.

We appreciate the opportunity to submit our work to *[저널명]* and look forward to seeing the reviews of this manuscript as they come back.

[교신저자명] is corresponding author for this paper.
[학과]
[주소]
[이메일주소]

Thank you for your time and consideration of this manuscript.

Sincerely,

[이름]

Figure 15. 첨부 서한의 예 1.

[날짜]

Dr. [편집위원장의 성]

Editor, *[저널명]*

Dear Dr. [편집위원장의 성]

Attached please find a manuscript titled "[논문제목]" (31 pages text and references, 7 pages tables and figures). The paper is co-authored by [공동저자명] and is not under consideration for publication by any other journal or volume. Data for the study reported here were collected in accordance with APA ethical guidelines (written consent from parents of legal guardians for minors was obtained prior to data collection).

This manuscripts reports on the longitudinal stability of social competence, defined in terms of children's social engagement/social motivation, profiles of attributes summarized as Q-sort scores, and peer acceptance from sociometric interviews. We believe that these findings will be of interest to researchers studying social development. We look forward to seeing the reviews of this manuscript as they come back.

[교신저자명] is corresponding author for this paper

[교신저자의 소속 주소]

[교신저자 이메일 주소]

Thank you for your time and consideration of this manuscript.

Sincerely,

[교신저자명]

Figure 16. 첨부 서한의 예 2.

(2) 논문심사 및 심사결과 통보

학술지 논문의 핵심은 논문이 투고되면 동료심사의 절차를 거쳐 출판 여부가 결정된다는 것이다. 학술지마다 투고된 논문을 처리하는 과정은 다소 차이가 있지만, 일반적으로 논문이 투고되면 편집위원회를 개최하여 각 논문에 대한 심사위원을 위촉한다. 심사위원들은 심사한 논문에 대한 총평과 수정 사항이나 기타 의견들을 담아 심사보고서를 작성하고, '게재 가', '수정 후 게재 가', '수정 후 재심', '게재 불가' 중 하나로 논문을 판정한다. 그 후 편집위원회에서 심사위원들의 심사보고서를 최종적으로 종합하고 표절을 비롯한 연구윤리문제 등을 확인한 뒤 교신저자에게 논문심사의 결과를 통보한다. 논문이 게재 가나 수정 후 게재 가의 판정을 받은 경우에는 출판 작업으로 들어가게 되지만, 수정 후 재심으로 판정된 논문의 경우 논문게재를 보장받는 것은 아니다. 따라서 연구자는 심사위원들의 의견과 지시사항을 검토하여 수정된 논문과 수정보고서를 제출한다. 그 후 이에 대한 심사가 다시 이루어진 후 논문게재 여부를 최종 확정한다.

국외의 경우에도 이와 유사하게 심사가 진행되며, 심사위원들의 의견을 합산하여 편집위원회가 결정을 한 후 교신저자에게 통보한다. 심사기간은 학술지마다 차이가 있지만 일반적으로 2~3개월 정도가 소요되며, 3개월이 지나도 심사 결과가 나오지 않을 경우 편집자에게 문의할 수 있다. 수정 후 재심의 판정을 받은 경우 연구자는 심사위원들의 의견을 참고하여 논문을 수정한 후 수정논문과 심사위원들의 의견이 어떻게 반영되었는지를 서술한 첨부 서한을 함께 제출해야 한다.

3) 심사 후 과정

(1) 논문출판 과정

게재가 확정된 논문은 논문출판을 위한 작업을 진행하게 된다. 저자는 인쇄 작업을 위한 최종본을 제출하며, 최종본으로 편집과정이 진행된다. 편집과정이 완료된 초교본은 저자의 최종 확인을 받아 인쇄 작업에 들어간다. 출판이 완료되면

학회에서는 교신저자에게 게재된 논문의 별쇄본을 우편으로 송부한다. 국외학술지의 경우 게재 확정 후 출판까지 학술지에 따라 일 년 이상이 걸리는 경우도 있으며, 이 과정 중인 논문은 '인쇄 중(in press)'으로 저자의 연구목록에 제시될 수 있다. 국내의 경우에도 저자가 요구할 경우 게재가 확정된 논문에 대해 '게재예정증명서'가 발급될 수 있다.

(2) 이해상충

이해상충(conflict of interest)은 개인의 사적인 이해관계가 자신이 맡고 있는 업무 또는 공공이나 타인의 이익과 서로 상충되는 상황을 말한다. 특히 연구자의 경우에는 개인의 사적인 이해관계에 의해 학문적 또는 학문과 관련된 의사 결정이 영향을 받을 수 있는 상황이 이해상충 상황이 된다. 논문의 교신저자는 저자의 자료 해석에 영향을 미칠 수 있는 잠재적 이해상충 상황이 발생하였을 경우 편집위원회에 이를 즉시 알려야 한다. 잠재적인 이해상충의 예로는 기업이나 기업과 관련된 곳으로부터 재정적인 지원을 받은 경우, 이익집단으로부터의 정치적 압력, 그리고 학문적으로 관련된 쟁점 등이 있다. *아동학회지*의 경우 참고문헌 목록 전에 이해상충 여부가 존재하는지에 관한 사항을 표기하도록 되어 있다.

(3) 저작권 및 출판권

논문의 저작권은 논문의 완성에 기여한 저자들에게 부여되지만, 대부분의 학술지에서는 저자가 학회에 저작권을 양도하여 저작권의 귀속주체가 학회가 된다. *아동학회지*의 경우에도 저자가 저작권이전동의서를 학회에 제출하여 한국아동학회가 논문에 대한 저작권을 가지게 된다. 따라서 *아동학회지*에 게재된 모든 논문의 저작권은 한국아동학회가 가지게 되며, 서면으로 된 허가서 없이는 다른 곳에 출판할 수 없다. 출판권은 논문을 인쇄 혹은 이와 유사한 방법으로 문서 또는 도화로 발행할 수 있는 권리로, *아동학회지*의 경우 저작권이 한국아동학회에 귀속되므로 출판권 또한 학회가 행사한다.

부록

[부록 1]
본문 인용과 참고문헌 작성 방식 함께 보기 요약

〈학술지 논문〉

종류	본문 인용 표기	참고문헌 목록 표기
저자 1명	- 홍길동(2016)은 - 하였다(홍길동 2016). - Wanton (2016)은 - 하였다(Wanton, 2016).	- 홍길동 (2016). 부모의 양육 행동이 아동의 기질에 미치는 영향. *아동학회지*, *55*(4), 11-23. - Wanton, G. D. (2016). The influence of parenting behavior and child temperament. *Journal of Child Studies*, *55*(4), 11-23.
저자 2명	- 홍길동과 김철이(2016)는 - 하였다(홍길동, 김철이, 2016). - Wanton과 Kemp (2016)는 - 하였다(Wanton & Kemp, 2016).	- 홍길동, 김철이 (2016). 어머니의 연령에 따른 모자 상호작용의 차이. *아동학회지*, *42*(3), 20-30. - Wanton, G. D., & Kemp, C. I. (2016). Differences in mother-child interactions by maternal age. *Journal of Child Studies*, *42*(3), 20-30.

저자 3~5명	- 홍길동, 김철이와 박유리(2016)는 [두 번째 인용부터] 홍길동 등(2016)은 - 한다(홍길동, 김철이, 박유리, 2016). [두 번째 인용부터] (홍길동 등, 2016) - Wanton, Kemp, Parker와 Lay (2016는 [두 번째 인용부터] Wanton 등(2016)은 - 한다(Wanton, Kemp, Parker, & Lee, 2016). [두 번째 인용부터] (Wanton et al., 2016)	- 홍길동, 김철이, 박유리 (2016). 부모의 양육 행동과 아동의 정서능력과의 관계. *아동학회지, 12*(1), 15-32. - Wanton, G. D., Kemp, C. I., Parker, Y. R., & Lay, Y. M. (2016). The relationship between parenting behavior and child emotion competence. *Journal of Child Studies, 12*(1), 15-32.
저자 6~7명	- 홍길동 등(2016)은 - 하였다(홍길동 등, 2016). - Wanton 등(2016)은 - 하였다(Wanton et al., 2016).	- 홍길동, 김철이, 박유리, 한아동, 이영미, 최한국 (2016). 부모 프로그래밍과 교육. *아동학회지, 27*(3), 1-17. - Wanton, G. D., Kemp, C., I., Parker, Y. R., Haul, A. D., Lay, Y. M., & Chase, H. (2016). Parent programming and education. *Journal of Child Studies, 27*(3), 1-17.
저자 8명 이상	- 홍길동 등(2016)은 - 하였다(홍길동 등, 2016). - Wanton 등(2016)은 - 하였다(Wanton et al., 2016).	- 홍길동, 김철이, 박유리, 한아동, 이영미, 최한국, . . . 강지수 (2016). 부모의 양육 행동과 아동의 기질. *아동학회지, 50*(4), 105-121. - Wanton, G. D., Kemp, C. I., Parker, Y. R., Haul, A. D., Lay, Y. M., Choi, H. K., . . . Kang, J. S. (2016). Parenting behavior and child temperament. *Journal of Child Studies, 55*(4), 11-23.
디지털 온라인 학술지	- 홍길동(2016)은 - 하였다(홍길동, 2016). - Wanton (2016)은 - 하였다(Wanton, 2016).	- 홍길동 (2016). 부모의 양육 행동이 아동의 기질에 미치는 영향. *아동학회지, 55*(4), 11-23. doi:10.1047/0278-6013.24.2.255 - Wanton, G. D. (2016). The influence of parenting behavior and child temperament. *Asian Journal of Child Studies, 55*(4). Retrieved from http://www.ajcs.org/journalonline1045119/as.html

게재 예정	- 홍길동과 김철이(인쇄 중)는 - 하였다(홍길동, 김철이, 인쇄 중). - Wanton과 Kemp (in press)는 - 하였다(Wanton & Kemp, in press).	- 홍길동, 김철이 (인쇄 중). 유아의 지능의 유전적 요인. *아동학회지*. - Wanton, G. D., & Kemp, C. I. (in press). Genetic factors of intelligence in preschool children. *Journal of Child Studies*.
기관/단체 등의 집단이 저자인 경우	- 한국아동학회(2016)는 - 하였다(한국아동학회, 2016). - Korean Association of Child Studies (KACS; 2016)는 / 두 번째부터는 KACS (2016)는 - 하였다(Korean Association of Child Studies [KACS], 2016). / 두 번째부터는 (KACS, 2016)	- 한국아동학회. (2016). 아동 정서발달의 메타분석. *아동학회지*, *9*(1), 129-140. - Korean Association of Child Studies. (2016). Meta-analysis of children's emotion development. *Korean Journal of Child Studies*, *9*(1), 129-140.
동일저자, 동일연도 논문들의 참고문헌 배열	- 이영미, 한아동과 최한국(2016a, 2016b)은 - 하였다(이영미, 한아동, 최한국, 2016a, 2016b). - Wanton과 Kemp (2016a, 2016b)는 - 하였다(Wanton & Kemp, 2016a, 2016b).	- 이영미, 한아동, 최한국 (2016a). 영아기 가지치기 효과와 뇌 발달 분석. *아동학회지*, *20*(1), 310-319. - 이영미, 한아동, 최한국 (2016b). 청소년의 진로 스트레스가 문제 행동에 미치는 영향. *유아발달학회지*, *13*(2), 17-30. - Wanton, G. D., & Kemp, C. I. (2016a). Adolescent attachment and peer interaction. *Korean Journal of Child Studies*, *11*(3), 11-20. - Wanton, G. D., & Kemp, C. I. (2016b). White matter development during infancy. *Journal of Child Studies*, *21*(2), 1-15.
다른 저자, 다른 연도 논문들의 참고문헌 배열	- 연구자들(홍길동, 김철이, 2015; Kemp, Lay, & Haul, 2013; Wanton, 2016)은 - 하였다(홍길동, 김철이, 2015; Kemp, Lay, & Haul, 2013; Wanton, 2016).	(다음과 같은 순서대로 참고문헌 배열) 홍길동, 김철이 (2015). 도덕적 정서가 친사회적 행동에 미치는 영향. *아동학회지*, *11*(2), 17-30. Kemp, C. I., Lay, Y. M., & Haul, A. D. (2013). Peer interactions in middle childhood. *Journal of Child Studies*, *10*(3), 11-20. Wanton, G. D. (2016). Assessment of child depression. *Korean Journal of Child Studies*, *29*(1), 111-120.

유사 이름을 가진 저자들의 참고문헌 배열	- Y. K. Park, Kang과 Park (2016)은	- Park, Y. K., Kang, J. S., & Park, J. H. (2016). Mothers' personality and parenting behavior. *Korean Journal of Child Studies, 51*(4), 11-23.
	- Y. W. Park, Kang과 Park (2016)은	- Park, Y. W., Kang, C. P., & Park, D. H. (2016). Temperament and attachment in children with ADHD. *Journal of Child Studies, 21*(3), 87-97.
	- Jeong S. Park과 Lee (2013)은	- Park, J. [Jeoug]. S., & Lee, S. (2015). Maternal beliefs and parenting behavior. *Journal of Child Education, 10*(3), 85-99.
	- Joon S. Park과 Park (2000)은	- Park, J. [Joon]. S. & Park, T. S. (2015). Measures of children's emotion regulation. *Child Studies, 3*(2), 12-25.
논문 재인용	- Watson은 ...... 하였다(이영미에서 재인용, 2016). - 하였다(Watson, 1978: 이영미에서 재인용, 2016).	- 이영미 (2016). 아동의 기질에 따른 부모의 양육행동. *아동학회지, 15*(4), 11-23.
	- Abby (1997)는 ...... 하였다(as cited in Bean, 2016) - 한다(Abby, 1997, as cited in Bean, 2016).	- Bean, C. (2016). Child Attachment and sibling relationships. *Journal of Child Studies, 50*(4), 101-117.

〈학술 서적〉

종류		본문 인용 표기	참고문헌 목록 표기
학술 저서 전체	저자 1명	- 한아동(2016)은 - 하였다(한아동, 2016).	- 한아동 (2016). *아동과 가족*. 서울: 한국출판사.
		- Hayes (2016)는 - 하였다(Hayes, 2016).	- Hayes, A. D. (2016). *Child development*. Seoul: Hanguk Books.
	저자 2명	- 한아동과 최한국(2016)는 - (한아동, 최한국, 2016).	- 한아동, 최한국 (2016). *청소년의 이해*. 부산: 서울출판.
		- Hayes과 Kemp (2016)는 - 하였다(Hayes & Kemp, 2016).	- Hanyes, A. D., & Kemp, C. I. (2016). *Child and family*. Chicago: ABC Press.

학술 저서 전체	저자 3~5명	– 한아동, 최한국과 이영미(2016)는 [두 번째 인용부터] 한아동 등(2016)은 – 한다(한아동, 최한국, 이영미, 2016). [두 번째 인용부터] (한아동 등, 2016) – Hayes, Choi와 Kemps (2016)는 [두 번째 인용부터] Hayes 등(2016)은 – 한다(Hayes, Choi, & Kemp, 2016). [두 번째 인용부터] (Hayes et al., 2016).	– 한아동, 최한국, 이영미 (2016). *청소년과 가족*. 서울: 한국출판사. – Hayes, A. D., Choi, H. K., & Kemp, C. I. (2016). *Infancy and early childhood: Theory and practice*. London: Banana Books.
	저자 6~7명	– 한아동 등(2016)은 – 하였다(한아동 등, 2016). – Hayes 등(2016)은 – 하였다(Hayes et al., 2016).	– 한아동, 최한국, 이영미, 박유리, 김철이, 안수진 (2016). *보육학개론*. 파주, 경기: 한국출판사. – Hayes, A. D., Choi, H. K., Lay, Y. M., Parker, Y. R., Kemp, C. E., & Anasta, S. J. (2016). *Emotion and cognition during childhood*. Berryville, CA: Cacao & Wiwi.
	저자 8명 이상	– 김철이 등(2016)은 – 하였다(김철이 등, 2016). – Lay 등(2016)은 – 하였다(Lay et al., 2016).	– 김철이, 한아동, 최한국, 이영미, 박유리, 강지수, . . . 홍길동 (2016). *아동학 개론*. 서울: 한국출판사. – Lay, Y. M., Hayes, A. D., Choi, H. K., Parker, Y. R., Kemp, C. E., Anasta, S. J., . . . Haul, G. D. (2016). *Children in the world*. LeBanc, France: French University Press.
	온라인 단행본 E-book	본문에서는 인쇄본과 동일하게 표기 – 홍길동과 김철이(2016)는 – 하였다(홍길동, 김철이, 2016). – Kemp (2016)는 – 하였다(Kemp, 2016).	– 홍길동, 김철이 (2016). *아동과 가족*[Adobe Digital Editions]. http://www.uccdaum/1045119/n457sd에서 인출 – Kemp, C. I. (2016). *Child education* [EPUB version]. doi: 10.11348/478-1021213.2255

학술 저서 전체	기관, 단체 등의 집단이 저자	– 한국아동학회(2016)는 – 하였다(한국아동학회, 2016). – Korea Health Committee (KHC; 2016)는 [두 번째부터는] KCC (2016)는 – 하였다(Korea Health Committee [KHC], 2016). [두 번째부터는] (KHC, 2016)	– 한국아동학회. (2016). *아동과 청소년.* 서울: 우리출판사. – Korea Health Committee. (2016). *Children and adolescents.* Seoul: Nara Hanguk Publisher.
	저저와 발행자 (출판사)가 동일	– 한국아동정책연구소(2016)는 – 하였다(한국아동정책연구소, 2016). – Child Poverty Committee (CPC, 2016)는 [두 번째부터는] CPC (2016)는 – 하였다(Child Poverty Committee [CPC], 2016) [두 번째 부터는] (CPC, 2016)	– 한국아동정책연구소. (2016). *저소득층 아동의 발달.* 서울: 한국아동정책연구소. – Child Poverty Committee. (2016). *Child in the third world.* New York: Author.
	번역서 (연도 ○)	– Howell, Sam과 Watson (1987/2016)은 – 하였다(Howell, Sam, & Watson, 1987/2016). – Wanton (1995/2016)은 – 하였다(Watson, 1995/2016)	– Howell, V., Sam, D., & Watson, N. (2016). *아동과 성인*(홍길동, 김철이, 공역). 대전: 영출판사. (1987년 원저 발간) – Wanton, J. (2016). *Child psychology* (E. G. Kim & G. D. Hong, Trans.). Seoul: Mimi Press. (Original work published 1995)
	번역서 (연도 ×)	– Aristotle (trans. 2016)은 – 하였다(Aristotle, trans. 2016).	– Aristotle, A. (2016). *Play and human* (G. L, Park & J. J. Kim, Trans.). Seoul: Hankuksa.
편집자가 있는 학술저서의 일부분	한 장의 인용	– 김철이(2016)는 – 하였다(김철이, 2016). – Pay (2014)는 – 하였다(Pay, 2014).	– 김철이 (2016). 청소년과 조부모의 상호작용. 홍길동, 김철이 (편), *부모자녀 의사소통*(pp. 23–45). 서울: 아침. – Pay, R. (2014). Modeling paternal behaviors: Motivation and cognition. In F. N. Green (Ed.), *New family system theory* (pp. 355–372). New York: Morris.

편집자가 있는 학술저서의 일부분	시리즈와 권 편집자가 다를 때	– Raddy와 Baldwin (2016) – 하였다(Raddy & Baldwin, 2016).	– Raddy, I. K., & Baldwin, E. M. (2016). Children and intelligence. In T. Damon, B. A. Barns, & C. P. Leonard (Series Eds.) & N. Berg (Vol. Ed.), *Child cognition and emotion* (5th ed., Vol. 2, pp. 342–360). Flowerville, NJ: Sunny Books.

〈보고서〉

종류	본문 인용 표기	참고문헌 목록 표기
개인들이 저자	– 최한국, 이나라와 박유리(2016)는 – 하였다(최한국, 이나라, 박유리, 2016).	– 최한국, 이나라, 박유리 (2016). *2016 아동건강보고서*(문서번호. 2016–67). 대전: 한국아동연구소.
	– Choi, Lee와 Park (2016)은 – 하였다(Choi, Lee, & Park, 2016).	– Choi, H. K., Lee, N. R., & Park, Y. (2016). *Child health report 2016* (Report No. 2016–876). New York: Center for Korean Children.
기관이 저자	– 아동정책연구소(2016)은 – 하였다(아동정책연구소, 2016).	– 아동정책연구소. (2016). *2016년 아동조사*(과제번호. 2016–105). 서울: 아동정책연구소.
	– Institute of Child Policy Research (2016)는 – 하였다(Institute of Child Policy Research, 2016).	– Institute of Child Policy Research. (2016). *2016 child survey* (Report No. 2013–92). Seoul: Author.
온라인 보고서	– 최한국과 이나라(2016)는 – 하였다(최한국, 이나라, 2016).	– 최한국, 이나라 (2016). *2016년 아동조사*(과제번호. 2016–105). 아동정책연구소 웹 사이트: http://www.koreachild.org/rep에서 인출
	– Choi와 Lee (2016)는 – 하였다 (Choi & Lee, 2016).	– Institute of Child Policy Research. (2016). *National child report* (Report No. 2013–92). Retrieved from ICPR website: http://www.icpr.org/00024.pdf

〈학위 논문〉

종류		본문 인용 표기	참고문헌 목록 표기
인쇄본	석사	– 홍길동(2016)은 – 하였다(홍길동, 2016).	– 홍길동 (2016). *아동의 실행기능이 정서에 미치는 영향*. 서울, 한국: 한국대학교 석사학위 청구논문. – 홍길동 (2016). *아동의 실행기능이 정서에 미치는 영향*(미출판 석사학위논문). 한국대학교, 서울, 한국.
		– Hong (2016)은 – 하였다(Hong, 2016).	– Hong, G. D. (2016). *Effect of child executive function on emotion* (Unpublished master's thesis). Hankuk University, Seoul, Korea.
	박사	– 김철이(2016)는 – 하였다(김철이, 2016).	– 김철이 (2016). *유아의 마음 이론 발달: 기질의 유형에 따른 차이*. 대전, 한국: 나라대학교 박사학위 청구논문. – 김철이 (2016). *유아의 마음 이론 발달: 기질의 유형에 따른 차이*(미출판 박사학위논문). 나라대학교, 대전, 한국.
		– Kim (2016)은 – 하였다(Kim, 2016).	– Kim, C. E. (2016). *The development of theory of mind in preschool children: Differences by types of temperament* (Unpublished doctoral dissertation). Nara University, Daejeon, Korea.
논문초록		– Park (2016)은 – 하였다(Park, 2016).	– Park, Y. R. (2016). Relation between moral development and self regulation of adolescent. *Dissertation Abstracts International: Section A. Child and Adolescent, 75*(1), 299.
온라인	석사 온라인	– 한아동(2016)은 – 하였다(한아동, 2016).	– 한아동 (2016). *친사회적 행동에 대한 아동의 믿음*(석사학위논문). http://www.riss.kr/1045119에서 인출
		– Han (2016)은 – 하였다(Han, 2016).	– Han, A. D. (2016). *Child belief about prosocial behavior* (Master's thesis, Hope University, Sydney, Australia). Retrieved from http://lib.HUS.edu.au/hma20160349

온라인	박사 온라인	– 최한국(2016)은 – 하였다(최한국, 2016).	– 최한국 (2016). *친사회적 행동에 대한 아동의 믿음* (박사학위 논문). http://kiss.kstudy.com/eh-3928476에서 인출
		– Choi (2016)은 – 하였다(Choi, 2016)	– Choi, H. K. (2016). *Child belief about prosocial behavior* (Doctoral dissertation, Daum University, Cacao City, UK). Retrieved from http://lib.ducc.edu.uk/3876554

〈학술대회〉

종류	본문 인용 표기	참고문헌 목록 표기
구두 발표	– 이영미, 한아동과 안수진(2016)은 – 하였다(이영미, 한아동, 안수진, 2016).	– 이영미, 한아동, 안수진. (2016, 5월). *유아의 우정 개념의 발달.* 한국아동학회 춘계학술대회 구두 발표, 서울, 한국.
	– Lee, Han과 Ahn (2016)은 – 하였다(Lee, Han, & Ahn, 2016).	– Lee, Y. M., Han, A. D., & Ahn, S. J. (2016, May). *Development of friendship in young children.* Paper presented at the 2016 Annual Spring Conference of the Korean Association of Child Studies, Seoul, Korea.
포스터 발표	– 최한국과 김철이 (2016)는 – 하였다(최한국, 김철이, 2016).	– 최한국, 김철이 (2016, 5월). 한국 부모교육프로그램 조사. 한국아동학회 춘계학술대회 포스터 발표, 서울, 한국.
	– Choi와 Kim (2016)은 – 하였다(Choi & Kim, 2016).	– Choi, H. K., & Kim, C. E. (2016, May). *A survey on the parenting education programs in Korea.* Poster presented at the Annual Meeting of the Korean Association of Child Studies, Seoul, Korea.
학술대회 자료집	– 심미나와 양주미 (2016)는 – 하였다(심미나, 양주미, 2016).	– 심미나, 양주미 (2016). 초등학교 교사의 직무스트레스 탐색 [초록]. *한국아동학회 추계학술대회 자료집*, 130.
	– Shim과 Yang (2016)은 – 하였다(Shim & Yang, 2016).	– Lee, N. R. (2016). Analysis of social behavior at the age of 3–5. In H. K. Choi (Ed.), *Proceedings of 2016 Conference of the Korean Association of Child Studies* (pp. 78–91). Seoul, Korea: Hanguk Books.

온라인 자료	– 나영수(2016)는 – 하였다(나영수, 2016).	– 나영수 (2016. 5월). 유아의 공격성과 친사회적 행동. 한국아동학회 춘계학술대회 포스터 발표. 서울, 한국. 초록은 http://www.childstudies.org/conferenceshort에서 인출
	– Abey (2016)는 – 하였다(Abey, 2016).	– Abey, Y. S. (2016, April). Aggressive and prosocial behavior of adolescents. In D. A. Marion (Chair), *Aggression and children*. Symposium conducted at the Annual Meeting of the International Conference on Child Education, Chicago, IL. Retrieved from http://www.icce.org/aggressionchild2016/fulltext_2016.pdf

〈신문, 미디어, 시청각 자료〉

종류		본문 인용 표기	참고문헌 목록 표기
신문 잡지 뉴스 레터	신문 저자O	– 홍길동 (2016)은 – 하였다(홍길동, 2016).	– 홍길동 (2016. 5. 13). 아동의 학대 실태와 대책. *우리나라일보*, pp. A2, A3.
		– Hong (2016)은 – 하였다(Hong, 2016).	– Hong, G. D. (2016, May 13) Research and measure of child abuse. Korea Press. pp. Al, A4.
	온라인 정기 간행물 – 자주 바뀌는 정보	– 국제경제연구소(2016)는 – 하였다(국제경제연구소, 2016).	– 국제경제연구소. (2016). 환율과 가계소득. *글로벌아동학회지.* http://www.gjliteraty.com/wepdyn/content/article.html에서 2016. 2. 10. 인출
		– International Economy Institute (2016)는 – 하였다(International Economy Institute, 2016).	– International Economy Institute. (2016). Exchange rate and family income. *Global Child Journal.* Retrieved February 10, 2016, from http://www.gjliteraty.com/wepdyn/content/article.html
미디어	방송	– 김철이(2016)는 – 하였다(김철이, 2016).	– 김철이(작가). (2015, 2. 24). 아동의 이해. *부모교육프로그램.* 서울: 서울교육방송.
		– Kim (2016)은 – 하였다(Kim, 2016).	– Kim, C. E. (2012, March 26). Who are you? *Sunday Special.* Seoul: Media Broadcasting System.

미디어	CD	– "Rain and Coffee" (James, 2016, track 2)	– James, D. (2016). Rain and coffee [Recorder by J. Muse]. On *Black Coffee* [CD]. Seoul: Song Records.
	DVD	– Daehan National Broadcasting.(2013)에서	– Daehan National Broadcasting. (2013). *Child mental health* [DVD]. Seoul: Child Education Institute.
	팟캐스트	– Jim (2015)은	– Jim P. (Producer). (2015, November 5). *Child and family* [Audio podcast]. Retrieved from http://www.newspost.com/

〈기타〉

종류		본문 인용 표기	참고문헌 목록 표기
기타	법령, 규정	– 연구윤리 확보를 위한 지침 (2015. 11. 3. 교육부훈령 제153호)	– 참고문헌에 표기 안 함.
		– FDDA Drug Manufacturing Act (2016)	– FDDA Drug Manufacturing Act 21 C.F.R. § 202.1 (2016).
	검사 도구	– Child Behavior Inventory (CBI; Pearson, 2000)를 홍길동(2016)이 번역한	– 홍길동 (2016). *아동학습준비평가척도(K–CLR)*. 서울: 도구개발연구소.
		– Korean Emotion Checklist (K–EC; Kim & Lee, 2016)를 사용하였다.	– Kim, C. E., & Lee, Y. M. (2016). *Korean Emotion Checklist (K–EC)*. Seoul: Institute of Children Welfare.
	컴퓨터 소프트웨어	– Stata Content Analysis Software 13 (ContentSta LP., College City, WI)	– Stata Content Analysis Software (Version 13) [Computer software]. College City, WI: ContentSta LP.
	데이터셋	– National Youth Center (2016)에서 – 한다(National Youth Center [NYC], 2016).	– National Youth Center. (2016). *NYC 1–3rd survey of 6th grade* [Data file and code book]. Retrived from http://www.nationalyc.org/datacode/
	외국어 문헌	(한글문헌의 인용을 해외학술지에 표기할 때) – Kim(2016)은 – 였다(Kim, 2016).	– Kim, C. I. (2016). *Hangeul baldal* [한글 발달]. Seoul: Kakjisa.
		– Lesilles(2016)는 – 하였다(Lesilles, 2016).	– Lesilles, J. (2016). *La psychologie* [The psychology]. Paris, France: Presses Monet.

[부록 2]
연구윤리 확보를 위한 지침

[시행 2015.11.3] [교육부훈령 제153호, 2015.11.3, 일부개정]

교육부(학술진흥과)

제1장 총칙

제1조(목적) 이 지침은 「학술진흥법」 제15조에서 위임한 사항을 정함으로써, 연구자 및 대학 등의 연구윤리를 확보하는 데 필요한 역할과 책임에 관하여 기본적인 원칙과 방향을 제시하고, 연구부정행위를 방지하기 위한 사항을 정함을 목적으로 한다.

제2조(정의) 이 지침에서 사용하는 용어의 정의는 다음과 같다.

1. '연구자'란 「학술진흥법」 제2조 제5호에서 규정한 연구자를 말한다.
2. '대학등'이라 함은 「학술진흥법」 제2조 제2호, 제3호, 제4호와 제5조 제2항에서 규정한 대학 · 연구기관 · 학술단체(이하 '대학등'이라 한다)를 말한다.
3. '전문기관'이라 함은 연구자 및 연구기관 등을 지원하고 관리 · 감독하는 기관(이하 "전문기관"이라 한다)을 말한다.
4. '연구 원자료'란 연구 목적을 달성하기 위해 연구자가 실험, 관찰, 조사 등을 거쳐 수집한 가공 이전의 자료와 문헌 등을 말한다.
5. '연구자료'란 연구 원자료를 가공한 자료와 이를 활용한 2차 자료 및 문헌을 말한다.
6. '연구결과'란 연구자가 연구 활동을 통해 얻은 연구자료를 활용하여 도출한 체계화된 결론을 말한다.

7. '연구결과물'이란 연구자가 연구 활동을 통해 최종적으로 얻은 결과를 기술한 보고서 · 논문 · 간행물 · 단행본 등의 학술적 저작물과 지식재산을 말한다.

제3조(적용대상 및 방법) ① 대학등 및 전문기관이 다음 각 호의 사업을 수행하는 경우 이 지침의 제2장, 제3장, 제4장 및 제5장을 적용한다.

1. 「학술진흥법」 제5조에 따른 학술지원사업
2. 「기초연구진흥 및 기술개발지원에 관한 법률」 제6조 및 제14에 따른 교육부 소관 기초연구사업 및 특정연구개발사업
3. 제1호 및 제2호 외의 교육부 소관 연구개발사업
4. 그 밖에 교육부장관이 필요하다고 인정하는 사업 및 분야

② 대학등 및 전문기관은 자체의 연구 활동과 국가 이외의 외부기관으로부터 수탁 받은 과제의 연구윤리 문제에 대해 이 지침 제2장, 제3장, 제4장을 토대로 자체적인 연구윤리 지침을 제정하여 시행할 수 있다.

③ 대학등 및 전문기관은 자체적인 연구윤리지침이 없을 경우, 이 지침 제2장, 제3장, 제4장의 사항을 자체의 연구 활동, 교육부 이외의 국가기관 및 국가 이외의 외부기관으로부터 지원받은 과제의 연구윤리 문제에 적용할 수 있다. 이때, '자체의 연구 활동'이란 학위 논문 발표, 대학등 및 전문기관의 자체 예산으로 수행되는 연구 등을 포함하고, '교육부 이외의 국가기관 및 국가 이외의 외부기관으로부터 지원받은 과제'란 교육부를 제외한 국가기관, 기업 및 민간단체로부터 수탁받은 연구 등을 포함한다.

제4조(적용범위) 이 지침은 연구개발 과제의 제안, 연구개발의 수행, 연구개발결과의 보고 및 발표 등 연구개발의 전범위에 적용하며, 다른 법령에서 정한 경우를 제외하고는 이 지침을 따른다.

제2장 연구자 및 대학등의 역할과 책임

제5조(연구자의 역할과 책임) 연구자는 연구의 자유에 기초하여 자율적으로 연구를 수행하되, 다음 각 호의 사항을 준수하여야 한다.

1. 연구대상자의 인격 존중 및 공정한 대우
2. 연구대상자의 개인 정보 및 사생활의 보호
3. 사실에 기초한 정직하고 투명한 연구의 진행
4. 전문 지식을 사회에 환원할 경우 전문가로서 학문적 양심 견지

5. 새로운 학술적 결과를 공표하여 학문의 발전에 기여
6. 자신 및 타인의 저작물 활용 시 적절한 방법으로 출처를 밝히는 등 선행 연구자의 업적 인정 · 존중
7. 연구계약의 체결, 연구비의 수주 및 집행 과정의 윤리적 책임 견지
8. 연구비 지원기관의 이해관계에 영향을 받지 않고, 연구결과물에 연구와 관련된 모든 이해관계 명시
9. 지속적인 연구윤리교육의 참여

제6조(대학등의 역할과 책임) ① 대학등은 연구자가 연구에 전념하고 연구윤리를 준수할 수 있도록 합리적이고 자율적인 연구 환경과 연구 문화를 조성하는 데 적극 노력하여야 한다.

② 대학등은 연구윤리 확립을 위하여 자체적으로 연구윤리 지침을 마련하여야 한다.

③ 대학등은 연구윤리를 확보하고 연구부정행위의 발생을 예방하기 위하여 연구수행 과정에서의 갈등이나 분쟁을 중재하거나 조정하는 기구를 설치 · 운영할 수 있다.

④ 대학등은 연구부정행위가 발생하였을 경우 이에 대해 검증 · 판단하는 기구를 설치 · 운영하여야 한다.

⑤ 대학등은 연구자가 연구수행 과정에서 연구윤리를 준수하고 연구부정행위를 예방할 수 있도록 정기적으로 연구윤리 교육을 실시하여야 한다.

⑥ 대학등은 교육부장관 또는 전문기관의 장이 연구윤리 실태 조사 등 연구윤리 확립을 위한 업무를 수행할 때 이에 적극 협조하여야 한다.

⑦ 대학등은 인지하거나 제보받은 연구부정행위 의혹에 대해 엄정하게 조사하여야 하며, 교육부장관, 전문기관 및 대학등으로부터 소속 연구자의 연구부정행위 의혹에 대한 조사 또는 자료를 요청받을 경우 이에 적극 협조하여야 한다.

제7조(전문기관의 역할과 책임) ① 전문기관의 장은 이 지침 제2장, 제3장, 제4장을 토대로 하여 자체 연구윤리 지침을 마련하여야 한다.

② 전문기관의 장은 소속 구성원을 대상으로 정기적으로 연구윤리 교육을 실시하여야 한다.

제8조(연구윤리 교육 및 지원) ① 교육부장관과 전문기관의 장은 연구윤리 인식 확산을 위한 교육 · 홍보 및 정보 제공, 연구윤리 교육 자료의 개발 · 보급 등을 위해 필요한 지원 시책을 마련하여야 한다.

② 교육부 소관 연구개발사업에 선정된 연구자는 협약에 따라 지정된 교육기관으로부터 연구윤리교육을 이수하여야 한다.

제9조(연구윤리 자체 규정 마련) 대학등이 자체적으로 연구윤리 규정을 마련할 때에는 「학술진흥법 시행령」 제17조 제1항에 따라 다음 각 호의 사항 및 이 지침의 내용 등을 포함하여야 한다. 다만, 정부출연연구기관이 교육부 소관 연구개발사업 협약 체결 시 협약 내용에 이 지침에서 제시하는 연구부정행위의 검증, 보고, 후속조치 등을 포함하는 경우 자체규정을 마련한 것으로 본다.

1. 연구자의 역할과 책임
2. 연구부정행위의 범위
3. 연구부정행위의 신고접수 및 조사 등을 담당하는 기구, 부서 또는 책임자
4. 연구부정행위 자체조사 절차 및 기간
5. 예비조사 및 본조사 실시를 위한 위원회(이하 '조사위원회'라 한다) 등 검증기구의 구성 및 운영 원칙
6. 제보자 및 피조사자 보호방안
7. 판정 이후의 처리절차

제10조(연구윤리자문위원회의 구성 및 운영) ① 교육부장관은 연구윤리 정책 등에 대한 전반적인 자문을 받기 위하여 관계전문가로 구성된 연구윤리자문위원회를 둘 수 있다.

② 연구윤리자문위원회는 위원장 1명을 포함하여 15명 이내로 구성한다.

③ 연구윤리자문위원회의 위원은 관련분야의 학식과 경험이 풍부한 자 중에서 교육부장관이 위촉하며, 위원장은 위원 중에서 호선한다.

④ 그 밖의 위원회 운영을 위하여 필요한 사항은 위원장이 따로 정할 수 있다.

⑤ 연구윤리자문위원회의 운영에 필요한 비용은 예산의 범위 안에서 지출할 수 있다.

제11조(연구부정행위 접수 및 처리) ① 교육부장관, 전문기관 및 대학등의 장은 연구부정행위 제보 접수창구를 마련하여야 한다.

② 교육부 및 전문기관이 연구부정행위에 대한 제보를 접수하거나 그 발생 사실을 인지한 경우에는 해당 기관에 내용을 이관하여 조사할 수 있도록 조치하여야 한다.

제3장 연구부정행위

제12조(연구부정행위의 범위) ① 연구부정행위는 연구개발 과제의 제안, 수행, 결과 보고 및 발표 등에서 이루어진 다음 각 호를 말한다.

1. '위조'는 존재하지 않는 연구 원자료 또는 연구자료, 연구결과 등을 허위로 만들거나 기

록 또는 보고하는 행위

2. '변조'는 연구 재료 · 장비 · 과정 등을 인위적으로 조작하거나 연구 원자료 또는 연구자료를 임의로 변형 · 삭제함으로써 연구내용 또는 결과를 왜곡하는 행위
3. '표절'은 다음 각 목과 같이 일반적 지식이 아닌 타인의 독창적인 아이디어 또는 창작물을 적절한 출처표시 없이 활용함으로써, 제3자에게 자신의 창작물인 것처럼 인식하게 하는 행위
   가. 타인의 연구내용 전부 또는 일부를 출처를 표시하지 않고 그대로 활용하는 경우
   나. 타인의 저작물의 단어 · 문장구조를 일부 변형하여 사용하면서 출처표시를 하지 않는 경우
   다. 타인의 독창적인 생각 등을 활용하면서 출처를 표시하지 않은 경우
   라. 타인의 저작물을 번역하여 활용하면서 출처를 표시하지 않은 경우
4. '부당한 저자 표시'는 다음 각 목과 같이 연구내용 또는 결과에 대하여 공헌 또는 기여를 한 사람에게 정당한 이유 없이 저자 자격을 부여하지 않거나, 공헌 또는 기여를 하지 않은 사람에게 감사의 표시 또는 예우 등을 이유로 저자 자격을 부여하는 행위
   가. 연구내용 또는 결과에 대한 공헌 또는 기여가 없음에도 저자 자격을 부여하는 경우
   나. 연구내용 또는 결과에 대한 공헌 또는 기여가 있음에도 저자 자격을 부여하지 않는 경우
   다. 지도학생의 학위 논문을 학술지 등에 지도교수의 단독 명의로 게재 · 발표하는 경우
5. '부당한 중복게재'는 연구자가 자신의 이전 연구결과와 동일 또는 실질적으로 유사한 저작물을 출처표시 없이 게재한 후, 연구비를 수령하거나 별도의 연구업적으로 인정받는 경우 등 부당한 이익을 얻는 행위
6. '연구부정행위에 대한 조사 방해 행위'는 본인 또는 타인의 부정행위에 대한 조사를 고의로 방해하거나 제보자에게 위해를 가하는 행위
7. 그 밖에 각 학문 분야에서 통상적으로 용인되는 범위를 심각하게 벗어나는 행위

② 대학등의 장은 제1항에 따른 연구부정행위 외에도 자체 조사 또는 예방이 필요하다고 판단되는 행위를 자체 지침에 포함시킬 수 있다.

제13조(연구부정행위의 판단) ① 연구부정행위는 다음 각 호의 기준으로 판단한다.

1. 연구자가 속한 학문 분야에서 윤리적 또는 법적으로 비난을 받을 만한 행위인지
2. 해당 행위 당시의 '연구윤리 확보를 위한 지침' 및 해당 행위가 있었던 시점의 보편적인

기준을 고려

3. 행위자의 고의, 연구부정행위 결과물의 양과 질, 학계의 관행과 특수성, 연구부정행위를 통해 얻은 이익 등을 종합적으로 고려

② 제12조 제1항 제7호에서 정한 '그 밖에 각 학문 분야에서 통상적으로 용인되는 범위를 심각하게 벗어난 행위'를 판단하고자 할 때에는 대학등 연구자의 소속기관에서 금지되는 행위를 명문으로 정하고 있거나 연구자가 속한 학계에서 부정한 행위라는 인식이 널리 퍼져 있는지 등을 고려하여야 한다.

제4장 연구부정행위의 검증

제14조(제보자의 권리 보호) ① '제보자'란 연구부정행위를 인지하여 인지한 사실 또는 관련 증거를 해당 대학등 또는 교육부, 전문기관에 알린 자를 말한다.

② 제보는 구술 · 서면 · 전화 · 전자우편 등의 방법을 통하여 실명으로 하여야 한다. 단, 익명 제보라 하더라도 연구과제명, 논문명, 구체적인 연구부정행위 등이 포함된 증거를 서면이나 전자우편으로 받은 경우 전문기관 및 대학등은 실명 제보에 준하여 처리할 수 있다.

③ 교육부장관, 전문기관 및 대학등의 장은 제보자가 연구부정행위를 제보했다는 이유로 신분상의 불이익이나 근무 조건상의 차별을 받지 않도록 보호하여야 한다.

④ 제보자의 신원에 관한 사항은 정보공개의 대상이 되지 않는다.

⑤ 제보자가 제3항의 불이익 또는 차별을 받거나 자신의 의지에 반하여 신원이 노출될 경우 해당 기관은 이에 대한 책임을 진다.

⑥ 제보자는 제보 접수기관 또는 조사기관에 연구부정행위 신고 이후에 진행되는 절차 및 일정 등에 대해 알려줄 것을 요구할 수 있으며 해당 기관은 이에 성실히 응하여야 한다.

⑦ 제보내용이 허위인 줄 알았음에도 이를 제보한 제보자는 보호 대상에 포함하지 않는다.

제15조(피조사자의 권리 보호) ① '피조사자'란 제보자의 제보나 대학등의 인지로 연구부정행위의 조사 대상이 된 자 또는 조사과정에서 연구부정행위에 가담한 것으로 추정되어 조사 대상이 된 자를 말하며, 조사과정에서의 참고인이나 증인은 이에 포함되지 아니한다.

② 조사기관은 검증과정에서 피조사자의 명예나 권리를 침해하지 않도록 주의하여야 한다.

③ 연구부정행위에 대한 의혹은 판정 전까지 외부에 공개되어서는 아니 된다. 다만, 제29조 제3항 각 호의 사항이 발생하여 필요한 조치를 취하고자 할 경우에는 해당되지 아니한다.

④ 피조사자는 조사기관에 연구부정행위의 절차 및 일정 등에 대해 알려줄 것을 요구할 수

있으며, 해당 기관의 장은 이에 성실히 응하여야 한다.

제16조(연구부정행위 검증 책임주체) ① 연구부정행위에 대한 검증 책임은 해당 연구가 수행될 당시 연구자의 소속 기관에 있다.

② 대학등은 연구부정행위 검증을 위하여 조사위원회 등 관련 기관(이하 '조사위원회'라 함)을 두어야 한다.

제17조(연구부정행위 검증원칙) ① 연구부정행위 여부를 입증할 책임은 해당 기관의 조사위원회에 있다. 단, 조사위원회가 요구한 자료를 피조사자가 고의로 훼손하거나 제출을 거부한 경우에 그 책임은 피조사자에게 있다.

② 조사위원회는 제보자와 피조사자에게 의견진술, 이의제기 및 변론의 권리와 기회를 보장하여야 하며 관련 절차 및 일정을 사전에 알려주어야 한다. 이 경우 피조사자에게는 해당 제보 내용을 함께 알려주어야 한다.

③ 대학등의 장은 조사위원회가 부당한 압력이나 간섭을 받지 않고 독립성과 공정성을 유지할 수 있도록 노력하여야 한다.

제18조(연구부정행위 검증 절차) ① 전문기관 및 대학등의 장이 연구부정행위를 검증하고자 할 경우에는 '예비조사'와 '본조사' '판정'의 절차를 거쳐야 한다.

② 해당 기관의 장은 연구부정행위에 대한 충분한 혐의를 인지하였을 경우에는 예비조사 없이 바로 본조사에 착수할 수 있다.

③ 대학등의 장은 연구부정행위 검증을 위해 제16조 제1항에 따른 해당 연구가 수행될 당시 연구자의 소속 기관에서 협조를 요청할 경우 이에 적극 응하여야 한다.

④ 대학등의 장이 연구자의 연구부정행위를 제보받아 검증하였을 때에는 그 결과를 해당 연구자의 소속 기관 및 해당 논문의 발간 학술단체에 통보하여야 한다.

제19조(예비조사) ① 예비조사는 연구부정행위 의혹에 대하여 본조사 실시 여부를 결정하기 위한 절차로, 제보를 접수한 날로부터 30일 이내에 착수하여야 한다. 예비조사기구의 형태는 해당기관의 장이 자율적으로 정한다.

② 해당 기관의 장은 피조사자가 연구부정행위 사실을 모두 인정할 경우에는 본조사를 거치지 않고 바로 판정을 내릴 수 있다.

③ 해당기관의 장은 증거자료에 대한 중대한 훼손 가능성이 있다고 판단되는 경우에는 조사위원회 구성 이전이라도 제23조 제2항에 따른 증거자료 보전을 위한 조치를 취할 수 있다.

④ 해당기관의 장은 예비조사가 종료된 날로부터 10일 이내에 제보자에게 예비조사 결과

를 문서로 통보하여야 하며, 본조사를 실시하지 않기로 결정한 경우에는 이에 대한 구체적인 사유를 포함하여야 한다. 단, 익명제보의 경우는 그러하지 않는다.

제20조(본조사) ① 본조사는 연구부정행위의 사실 여부를 입증하기 위한 절차로, 제21조에 따른 조사위원회를 구성하여 실시하여야 한다.

② 조사위원회는 제보자와 피조사자에게 의견진술 등의 기회를 주어야 하며, 당사자가 이에 응하지 않을 경우에는 이의가 없는 것으로 간주한다.

제21조(조사위원회 구성 등) ① 해당기관의 장은 본조사를 위해 위원장 1명을 포함한 5명 이상으로 조사위원회를 구성하여야 한다.

② 제1항의 조사위원회 또는 검증기구를 구성할 경우에는 다음 각 호의 조건을 모두 충족하여야 한다.

1. 조사 위원 전체에서 외부인의 비율이 30% 이상이어야 함
2. 조사 위원 중 해당 연구 분야 전문가 50% 이상으로 하되, 이 중 소속이 다른 외부 전문가 1인 이상이 반드시 포함되어야 함

제22조(조사위원의 제척 · 기피 · 회피 등) ① 다음 각 호의 어느 하나에 해당하는 경우에는 당해 사건에 조사위원이 될 수 없다.

1. 제보자 또는 피조사자와 민법 제777조에 따른 친인척 관계가 있거나 있었던 자
2. 제보자 또는 피조사자와 사제관계에 있거나 공동으로 연구를 수행하거나 하였던 자
3. 기타 조사의 공정성을 해할 우려가 있다고 판단되는 자

② 해당기관의 장은 본조사 착수 이전에 제보자에게 제18조제1항에 따른 조사위원 명단을 알려야 하며, 제보자가 정당한 사유로 조사위원에 대해 기피 신청을 할 경우 이를 수용하여야 한다. 단, 제보자의 사정에 의해 연락을 취할 수 없을 경우에는 해당하지 않으며, 이 경우 관련 내용을 조사결과보고서에 포함시켜야 한다.

③ 조사위원이 조사대상 과제와 이해관계가 있는 경우 스스로 회피 신청을 하여야 한다.

제23조(조사위원회의 권한) ① 조사위원회는 조사과정에서 제보자, 피조사자, 증인 및 참고인에게 진술을 위한 출석을 요구할 수 있으며, 이 경우 피조사자는 반드시 이에 응하여야 한다.

② 조사위원회는 피조사자에게 자료의 제출을 요구할 수 있으며, 증거자료의 보전을 위하여 해당 기관의 장의 승인을 얻어 연구부정행위 관련자에 대한 실험실 출입제한 및 관련 자료의 보전을 위한 조치를 취할 수 있다.

③ 조사위원회는 해당기관의 장에게 연구부정행위 관련자에 대한 적절한 제재조치를 건의할 수 있다.

제24조(판정) ① '판정'은 해당기관의 장이 조사결과를 확정하여 이를 제보자와 피조사자에게 문서로 통보하는 것을 말한다.

② 예비조사 착수 이후 판정까지의 모든 조사는 6개월 이내에 종료하여야 한다. 단, 이 기간 내에 조사가 이루어지기 어렵다고 판단될 경우 해당 기관은 제보사실 이관기관, 제보자 및 피조사자에게 그 사유를 통보하고 조사 기간을 연장할 수 있다.

제25조(이의신청) ① 제보자 또는 피조사자는 예비조사 결과 또는 판정 결과에 이의가 있는 경우 그 결과를 통보받은 날부터 30일 이내에 조사를 실시한 기관의 장에게 서면으로 이의신청을 할 수 있다.

② 조사를 실시한 기관의 장은 제1항에 따른 이의신청이 특별한 사유가 없으면 이의신청이 접수된 날로부터 60일 이내에 처리하여야 한다.

제26조(연구부정행위에 대한 조치) ① 대학등의 장은 연구부정행위에 대한 판정과 이의신청에 관한 모든 절차를 종료한 후, 연구부정행위에 대해 적절한 조치를 취하여야 한다.

② 연구부정행위에 대한 조치의 내용은 대학등의 내부 규정과 관련 법령 그리고 사회 일반의 인식에 반하지 않도록 하여야 한다. 이때 대학등의 장은 징계 등의 조치가 당해 연구부정행위에 상당한 수준으로 비례성이 있는지 등을 고려하여야 한다.

제5장 교육부 소관 연구개발사업에 대한 특칙

제27조(연구부정행위 검증 책임주체의 예외) ① 대학등의 장은 제16조 제1항에도 불구하고 다음 각 호의 어느 하나에 해당되는 때에는 교육부장관이 지정하는 전문기관의 장에게 조사를 실시해 줄 것을 요청할 수 있다. 요청을 받은 전문기관의 장은 특별한 사유가 없는 한 이에 응하여야 한다.

1. 검증 전문가 확보가 어려워 자체조사가 곤란한 경우
2. 공정하고 합리적인 조사를 할 수 없다고 판단한 경우
3. 2개 이상의 연구기관이 참여한 연구부정행위에 대한 검증이 원활하게 이루어지지 않을 경우

제28조(재조사) ① 제보자 또는 피조사자는 제25조의 이의신청에 대한 처리결과에 이의가 있는 경우 그 결과를 통보받은 날부터 30일 이내에 교육부장관 또는 교육부장관이 지정하는

전문기관의 장에게 당해 건에 대하여 재조사를 요청할 수 있다.

② 교육부장관 또는 교육부장관이 지정하는 전문기관의 장은 다음 각 호의 경우 적절한 조치를 취하여야 한다.

1. 제28조 제1항에 따른 제보자 또는 피조사자의 재조사 요청 내용에 합리적인 이유가 있다고 인정되는 경우
2. 대학등의 판정 또는 절차에 중대한 하자가 발견되어 재조사가 필요한 경우

제29조(조사결과의 제출) ① 전문기관 및 대학등의 장은 이 지침 제3조 제1항의 사업 수행 결과에 대해 예비조사 및 본조사를 실시한 경우, 이의신청 처리를 포함한 조사결과를 종료 후 각각 30일 이내에 교육부장관에게 그 결과를 제출하여야 한다.

② 제1항의 보고서에는 다음 각 호의 사항이 반드시 포함되어야 한다.

1. 예비조사의 경우
   가. 제보의 내용
   나. 조사결과
   다. 본조사 실시 여부 및 판단의 근거
   라. 제보자와 피조사자의 진술내용
2. 본조사의 경우
   가. 제보의 내용
   나. 조사결과
   다. 조사위원회의 위원 명단
   라. 해당 연구에서의 피조사자의 역할과 연구부정행위의 사실 여부
   마. 관련 증거 및 증인, 참고인 기타 자문에 참여한 자의 명단
   바. 제보자와 피조사자의 진술내용
   사. 검증결과에 따른 판정 결과

③ 대학등의 장은 제2항의 조사 과정에서 다음 각 호의 사항을 발견한 경우 즉시 교육부장관 및 전문기관의 장에게 보고하여야 하며, 이를 보고받은 교육부장관 및 전문기관의 장과 조사를 실시한 연구기관 등의 장은 수사기관에 수사의뢰 또는 고발 등의 조치를 취해야 한다.

1. 법령 또는 해당 규칙에 중대한 위반사항
2. 공공의 복지 또는 안전에 중대한 위험이 발생하거나 발생할 우려가 명백한 경우

3. 기타 전문기관 또는 공권력에 의한 조치가 필요한 경우

제30조(조사결과에 대한 후속조치) ① 교육부장관은 제29조 제1항에 따라 통보받은 조사결과가 연구부정행위로 판단되는 경우에는 연구부정행위자에 대한 징계 요구, 「학술진흥법」 제19조 및 제20조에 의한 사업비 지급 중지 및 환수, 학술지원대상자 선정 제외 등의 후속조치를 취할 수 있으며, 이를 연구자의 소속기관에 통보하여야 한다.

② 교육부장관은 제29조 제1항에 따른 보고서가 합리성과 타당성에 문제가 있다고 판단되는 경우, 조사를 실시한 기관에 대하여 추가조사 및 조사와 관련된 자료의 제출을 요구하거나 필요한 경우 직접 재조사를 실시할 수 있다.

제31조(조사의 기록과 정보의 공개) ① 조사를 실시한 기관은 조사 과정의 모든 기록을 음성, 영상, 또는 문서의 형태로 반드시 5년 이상 보관하여야 하며, 교육부는 제29조 제1항에 따라 제출받은 해당 보고서를 10년 이상 보관하여야 한다.

② 조사보고서 및 조사위원 명단은 판정이 끝난 이후에 공개할 수 있다.

③ 조사위원, 증인, 참고인, 자문에 참여한 자의 명단 등은 당사자에게 불이익을 줄 가능성이 있을 경우 공개하지 않을 수 있다.

제32조(업무의 위탁) 교육부장관은 이 지침에서 정한 교육부 소관 연구개발사업에 대한 연구부정행위의 접수 및 조사에 관한 사항, 수사의뢰 또는 고발 등에 관한 사항, 후속조치 및 조사, 보고서의 보관 등에 관한 사항을 전문기관에 위탁할 수 있다.

제33조(재검토 기한) 「훈령 · 예규 등의 발령 및 관리에 관한 규정」(대통령훈령 제248호)에 따라 이 훈령 발령 후의 법령이나 현실 여건의 변화 등을 검토하여 이 훈령의 개정 등의 조치를 하여야 하는 기한은 2017년 12월 31일까지로 한다.

부칙 〈제153호, 2015.11.3〉

제1조(시행일) 이 지침은 발령한 날부터 시행한다.

제2조(소급 적용) 이 지침 시행 이전의 사안에 대해서는 당시의 규정이나 학계에서 통상적으로 적용되는 관례에 따른다.

[부록 3]
한국아동학회 연구윤리 규정

[제1장 총칙]

제1조(목적) 이 규정은 사단법인 한국아동학회 회원의 연구윤리를 확립하고, 연구부정행위 발생 시 신속하고 공정하며 체계적인 검증을 위하여 연구윤리위원회(이하 '위원회'라 한다)의 설치 및 운영에 관한 사항을 규정함을 목적으로 한다.

제2조(적용대상) 이 규정은 한국아동학회 모든 회원에 대하여 적용한다.

제3조(용어 정의)

① '연구부정행위'라 함은 연구를 제안, 수행, 발표하는 과정에서 연구 목적과 무관하게 고의 또는 중대한 과실로 내용을 위조, 변조, 표절, 부당한 논문 저자표시행위 등을 말하며, 이는 다음 각 호와 같다.

1. '위조'라 함은 존재하지 않는 연구 자료나 연구결과 등을 허위로 만들어 보고하는 행위를 말한다.
2. '변조'라 함은 연구자료, 연구과정, 연구결과를 사실과 다르게 변경하거나 누락시켜 연구내용 또는 결과를 왜곡하는 행위를 말한다.
3. '표절'이라 함은 타인의 아이디어, 연구과정, 연구결과 등을 적절한 출처 표시 없이 연구에 사용하거나 자신이 이미 발표한 연구를 중복하여 발표하는 행위를 말한다.
4. '부당한 저자 표시'는 연구내용 또는 결과에 대하여 학술적 공헌 또는 기여를 한 사람에게 정당한 이유 없이 논문저자 자격을 부여하지 않거나, 학술적 공헌 또는 기여를 하지 않은 자에게 감사의 표시 또는 예우 등을 이유로 논문저자 자격을 부여하는 행위를 말한다.

5. 기타 연구진실성을 심각하게 해하는 행위를 포함한다.

② '제보자'라 함은 연구부정행위를 인지한 사실 또는 관련 증거를 한국아동학회에 알린 자를 말한다.

③ '피조사자'라 함은 제보 또는 학회의 인지에 의하여 연구부정행위의 조사대상이 된 자를 말한다.

④ '본조사'라 함은 부정행위의 혐의에 대한 사실 여부를 입증하기 위한 절차를 말한다.

⑤ '판정'이라 함은 조사결과를 확정하고 이를 제보자와 피조사자에게 문서로써 통보하는 절차를 말한다.

[제2장 연구윤리위원회의 설치와 운영]

제4조(기능) 위원회는 한국아동학회(이하 '본 학회'라 한다) 회원의 연구윤리와 관련된 다음 각 호의 사항을 심의, 의결한다.

1. 연구윤리 확립에 관한 사항
2. 연구부정행위의 예방, 조사에 관한 사항
3. 제보자 보호와 비밀유지에 관한 사항
4. 연구윤리 위반 검증, 검증결과처리와 후속조치에 관한 사항
5. 피조사자 명예회복 조치에 관한 사항
6. 기타 위원회 위원장이 부의하는 사항

제5조(구성)

① 위원회는 편집이사를 포함하여 7인 이상 구성한다.

② 위원장은 위원회를 대표하며, 편집이사로 한다. 위원장과 위원의 임기는 당해 직책의 임기와 동일하다.

③ 위원회의 제반업무를 처리하기 위해 위원 중에서 간사 1인을 둘 수 있으며, 간사는 위원장이 지명한다.

④ 위원장은 위원회의 의견을 들어 별도의 전문위원을 위촉할 수 있다.

제6조(회의)

① 위원장은 필요한 경우 회의를 소집하고 그 의장이 된다.

② 회의는 특별한 규정이 없는 한 재적위원 과반수 출석과 출석위원 과반수 찬성으로 의결한다. 단, 위임장은 위원회의 성립에 있어 출석으로 인정하되 의결권은 부여하지 않는다.

③ 위원회에서 필요하다고 인정할 때에는 관계자를 출석하도록 하여 의견을 청취할 수 있다.

④ 회의는 비공개를 원칙으로 한다.

⑤ 조사대상 연구에 관련된 위원은 해당 회의에 참여할 수 없다.

제7조(위원회의 권한과 책무)

① 위원회는 조사과정에서 제보자, 피조사자, 증인, 참고인에 대하여 출석과 자료 제출을 요구할 수 있다.

② 피조사자가 정당한 이유 없이 출석 또는 자료 제출을 거부할 경우에는 혐의 사실을 인정한 것으로 추정할 수 있다.

③ 위원회는 연구기록이나 증거의 멸실, 파손, 은닉 또는 변조 등을 방지하기 위하여 그에 상당한 조치를 취할 수 있다.

④ 위원회 위원은 심의와 관련된 제반 사항에 대하여 비밀을 준수하여야 한다.

[제3장 연구윤리 위반 검증]

제8조(부정행위 제보 및 접수)

① 제보자는 한국아동학회 사무국 또는 편집위원회 사무국에 직접 또는 전화, 서면, 전자우편 등으로 제보할 수 있으며 실명으로 제보해야 한다. 단, 익명의 제보라 하더라도 서면 또는 전자우편으로 논문명(또는 연구과제명)과 구체적인 부정행위의 내용과 증거를 포함하여 제보한 경우는 이를 실명제보에 준하여 처리하도록 한다.

제9조(부정행위 조사) 위원회는 구체적인 제보가 있거나 상당한 의혹이 있을 경우에는 부정행위의 존재 여부를 조사하여야 한다.

제10조(출석 및 자료 제출 요구)

① 위원회는 제보자, 피조사자, 증인, 참고인에 대하여 진술을 위한 출석을 요구할 수 있으며, 이 경우 피조사자는 이에 반드시 응해야 한다.

② 위원회는 피조사자에게 자료의 제출을 요구할 수 있으며, 증거자료의 보전을 위하여 해당 연구기관장의 승인을 얻어 부정행위 관련자에 대한 해당 연구자료의 압수, 보관 등을 할 수 있다.

제11조(제보자와 피조사자의 권리 보호와 비밀엄수)

① 어떠한 경우에도 제보자의 신원을 직접, 간접적으로 노출시켜서는 안 되며, 부정행위 여부에 대한 검증이 완료될 때까지 피조사자의 명예나 권리가 침해되지 않도록 주의하여야 한다.

② 조사와 관련된 일체의 사항은 비밀로 하며, 조사에 직접, 간접적으로 참여한 자는 조사와 직무수행 과정에서 취득한 모든 정보를 부당하게 누설해서는 안 된다. 다만, 합당한 공개의 필요성이 있는 경우, 위원회의 의결을 거쳐 공개할 수 있다.

제12조(기피, 제척, 회피)

① 위원에게 공정성을 기대하기 어려운 사정이 있을 경우에 제보자 또는 피조사자는 그 이유를 밝혀 기피를 신청할 수 있다. 기피신청이 인정된 경우에 기피신청된 위원은 당해 조사와 관련하여 배제된다.

② 당해 조사와 직접적인 이해관계가 있는 자는 안건의 심의, 의결, 조사에 관여할 수 없다.

제13조(이의 제기 및 소명기회의 보장) 위원회는 연구윤리 위반으로 제보된 피조사자에게 이의 제기 및 충분한 소명 기회를 제공해야 한다.

제14조(판정)

① 위원회는 이의 제기 또는 소명의 내용을 토대로 조사내용과 절차를 확정한다.

② 연구부정행위의 판정은 재적위원 과반수 출석과 출석위원 3분의 2 이상의 찬성으로 판정한다.

[제4장 후속 조치]

제15조(후속 조치)

① 연구부정행위 확인판정이 있는 경우에는 다음 각호의 제재를 가하거나 이를 병과할 수 있다.

1. 연구부정 논문의 게재 불허
2. 게재된 논문의 경우 학회지 논문목록에서 삭제하고 게재취소 사실을 학회 홈페이지와 학술지를 통하여 공지
3. 아동학회 회원 및 관련 학술기관에 공지
4. 회원자격의 박탈 또는 정지
5. 기타 적절한 조치

② 제①항 제2호의 공지는 저자명, 논문명, 논문수록 권(호), 취소일자, 취소이유 등이 포함되어야 한다.

③ 제①항 제4호의 박탈 또는 정지 기간은 부정행위 과중에 따라 위원회에서 정한다.

④ 위원회는 본 학회의 연구윤리와 관련하여 고의 또는 중대한 과실로 진실과 다른 제보를 하거나 허위의 사실을 유포한 자에 대해서는 회원자격을 박탈 또는 정지할 수 있다.

제16조(결과의 통지) 위원장은 조사결과에 대한 위원회의 결정을 서면으로 작성하여 지체 없이 제보자 및 피조사자 등 관련자에게 이를 통지해야 한다.

제17조(재조사) 피조사자 또는 제보자는 위원회의 결정에 불복할 경우 제16조의 통지를 받은 날로부터 14일 이내에 서면으로 위원회에 재조사를 요청할 수 있다.

제18조(명예회복 등 후속조치) 조사결과 연구부정행위가 없었던 것으로 확정될 경우, 위원회는 피조사자의 명예회복을 위해 노력하며 적절한 후속조치를 취할 수 있다.

제19조(기록의 보관 및 공개)

① 조사와 관련된 기록은 조사 종료 시점을 기준으로 5년간 보관하여야 한다.

② 판정이 끝난 이후의 결과는 학회 상임이사회에 보고 해야 하며, 제보자, 조사위원, 증인, 참고인, 자문에 참여한 자의 명단 등 신원과 관련된 정보에 대해서는 당사자에게 불이익을 줄 가능성이 있을 경우에 위원회의 결의로 공개대상에서 제외할 수 있다.

[부칙]

제1조(시행일) 본 규정은 2008년 6월 16일부터 시행한다.

참고문헌

국립국어원. (2014). *문장 부호 이렇게 바뀌었습니다*. 국립국어원 웹 사이트: http://korean.go.kr/front/etcData/etcDataView.do?mn_id=46&etc_seq=430&pageIndex=1에서 인출

국립국어원. (2015). *국어의 로마자 표기법*. 국립국어원 웹 사이트: http://korean.go.kr/front/etcData/etcDataView.do?mn_id=46&etc_seq=433&pageIndex=1에서 인출

국립국어원. (2016). *인터넷판 표준국어대사전*. 국립국어원 웹 사이트: http://stdweb2.korean.go.kr/에서 인출

사법정책연구원. (2015). *법률문헌 등의 인용방법에 대한 연구*(연구총서 2015-12). 사법정책연구원 웹 사이트: https://jpri.scourt.go.kr/main.do에서 인출

American Psychological Association. (2013). *Publication manual of the American Psychological Association* (6th ed.). Washington, DC: Author.

Yang, S. (2011). A qualitative study on the experiences of losing a hometown among Korea's divided families. *Journal of Korean Home Management Association*, *29*(2), 143-152.

Park, S., Wee, S.-J., & Yang, S. (2014). Are we experts? Perspectives of Korean teachers on their careers in infant and toddler care. *Australasian Journal of Early Childhood*, *39*(1), 56-64.

Resnik, D. B. (1998). *The ethics of science: An introduction*. London: Routledge.

찾아보기

저자 소개

송하나(Song Hana)
University of Wisconsin-Madison (Ph. D.)
성균관대학교 아동청소년학과 교수

강민주(Kang MinJu)
The Ohio State University (Ph. D.)
연세대학교 아동 · 가족학과 교수

신나나(Shin Nana)
University of Illinois-Urbana Champaign (Ph. D.)
이화여자대학교 아동학과 교수

양성은(Yang Sungeun)
University of Minnesota (Ph. D.)
인하대학교 아동학과 교수

논문작성과 출판양식
Academic Writing for Publication

2016년 11월 1일 1판 1쇄 발행
2018년 2월 20일 1판 2쇄 발행

지은이 • 송하나 · 강민주 · 신나나 · 양성은
펴낸이 • 김 진 환
펴낸곳 • (주) 학지사
04031 서울특별시 마포구 양화로 15길 20 마인드월드빌딩 5층
대표전화 • 02) 330-5114 팩스 • 02) 324-2345
등록번호 • 제313-2006-000265호

홈페이지 • http://www.hakjisa.co.kr
페이스북 • https://www.facebook.com/hakjisabook

ISBN 978-89-997-0954-8 93370

정가 15,000원

저자와의 협약으로 인지는 생략합니다.
파본은 구입처에서 교환하여 드립니다.

이 도서의 국립중앙도서관 출판시도서목록(CIP)은 서지정보유통지원시스템 홈페이지(http://seoji.nl.go.kr)와 국가자료공동목록시스템(http://www.nl.go.kr/kolisnet)에서 이용하실 수 있습니다.
(CIP제어번호: CIP2016011002)